服部陵子
宮崎清美 編著

家族が作る
自閉症サポートブック
わが子の個性を学校や保育園に伝えるために

明石書店

A Book
to Support
Autistic Children

はじめに

　自閉症とその関連障害の診断を受けた子どもの家族がもっとも悩むことの一つは、「子どものもつ特性やそれに対する支援を保育園や学校の先生たちにどのように伝えたらよいのか」という問題です。子どもの指導に親として真摯に向き合うほど、家庭外での支援についても悩みが起きるのは、自閉症の支援の特異さやむずかしさから考えて当然のことです。

　サポートブックは、このような家族の悩みに対する答えの一つであり、自閉症をもつ子どもの状態を家族以外の支援者にわかりやすく伝える方法です。私どもの知るかぎりでは、香川県に住む自閉症の青年（現在は成人）のお母さんである丸岡玲子さんが、支援者にわが子の様子をわかりやすく伝えるために考案して作成され、その後いろいろな場に広がっています。丸岡さんが『サポートブックの作り方・使い方――障害支援のスグレもの』（おめめどう、2005年）を出版され、ウェブでも発信されたことで、その恩恵にあずかった人たちは全国に数多いと思います。

　私たちも家族の要請に押されてサポートブックの勉強会を開き、実際に何人もの家族が作ってみました。実際に作ってみると、わかりやすく伝えることは思った以上にむずかしく、作るのにとても頭を悩ましたり、どこまで伝えるべきか何度も悩んだりした、との感想が多く寄せられました。その反面、出来上がったものを読んでみると、家族でなければここまで具体的に子どものむずかしさを把握できないだろうと感じました。家族によるサポートブックは、一人ひとりがもつ特性の表れ方や広がりの差も描き出します。

　医療の場にいる者は、障害をもつ子どもの様子をかなり知っているつもりでも、毎日接して苦労している家族ほどには細かい様子や微妙なむずかしさを知りません。そこに家族がサポートブックを作る意味があります。また、人への関わり、言葉、行動、感覚、認知の全般にわたって、反応や行動の様子を具体的に記し、その支援法についても具体的に書かれたサポートブックは、専門家が作る学校向け文書よりもわかりやすく、説得力があります。

　第Ⅲ章では7名の子どもの家族が作ったサポートブックをサンプルとして示しました。これから作りたいと思っている家族に参考にしていただくのが目的です。

　自閉症の特性が理解されて必要な支援を受け、周りと良好な関係をもち、社会生活の力をつけていくこと、これが家族の共通の願いだと思います。サポートブックは、そのような支援の実現に向けて、とても役に立つアイテムだと思います。

服部陵子

目次

はじめに -- iii

第Ⅰ章　サポートブックはなぜ必要か —— 子どもの現実・学校の現実 ---- 1
- ❶　子どもの現実 —— 子どもは一人ひとり違う --------------- 2
- ❷　学校の現実 -- 2
- ❸　書いておきたい基本項目 ------------------------------- 4
- ❹　子どもから見た集団 ----------------------------------- 5
- ❺　支援者（教師）との信頼関係を築くために ------------- 5
- ❻　特別支援教育のスタートと家族の参加 ------------------ 6

サポートブックQ＆A -------------------------------------- 8
資料１　サポートブックの活用状況（アンケート結果より）--------- 10
資料２　支援者（サポートブックを読んだ教師）の感想 ----------- 14
解　説　高機能自閉症とアスペルガー症候群（いわゆる高機能群について） ------- 18

第Ⅱ章　サポートブックの作り方（ひな形付き）----------------- 27
- ❶　サポートブックとは（目的）--------------------------- 28
- ❷　サポートブックのメリット ---------------------------- 29
- ❸　就学（就園）で使用する際のメリット ----------------- 29
- ❹　作り方のポイント ------------------------------------ 30
- ❺　基本項目 -- 31
- ❻　フォームについて・その他 --------------------------- 37

サポートブックのひな形 -------------------------------- 38

第Ⅲ章　事例集 -- 53

1. しょうたくん　　幼稚園年長　自閉症 ----------------------------- 55
2. ゆいかちゃん　　幼稚園年長　アスペルガー症候群 ------------------ 67
3. いっぺいくん　　小1 情緒学級　自閉症 --------------------------- 77
4. じろうくん　　小1 情緒学級　高機能自閉症 ----------------------- 84
5. まさきくん　　小2 情緒学級　自閉症 ----------------------------- 94
6. あきらくん　　小3 情緒学級　アスペルガー症候群 ----------------- 101
7. りょうくん　　小6 特別支援学校　自閉症 ------------------------- 116

おわりに --- 123
参考図書 --- 124

第4刷発行に向けて

　本書の初版発行から丁度 10 年が経過しました。この間、第Ⅲ章事例集に登場した子どもたち 7 名は特別支援学校や特別支援学級、通常学級、サポート校などでそれぞれの支援を受け、現在は青年期・成人期の生活を送っています。家族が早期からサポートブックの作成に取り組み、それを活用して支援の必要性を教師やその他の支援者に伝えてきたことで子どもたちは紆余曲折はありながらそれを乗り越えて今日に至りました。現在は、通所事業所利用、サポート校在籍、大学生などとそれぞれの道を家族の理解に守られて生活しています。

　この 10 年間で自閉症をはじめとする発達障害の知識は社会に広まり、その結果、支援教育を希望する児童生徒数が増え、他方では放課後等デイサービスなどの福祉サービスの場が拡大しました。教育・福祉の双方から支援が広がり子どもたちの居場所や療育の場が増えた一方で、そこでの理解不足や支援不足による子どもたちの混乱や不調の例も多数耳にします。専門性が追い付かない状況も残念ながら存在します。

　そうした中、わが子の特性と支援の必要性をサポートブックを通してしっかり伝えていく意義は今も少しも変わりがありません。自閉症をもつ子どもたちにとって重要であるのは、苦手さゆえに失敗や挫折を繰り返すのでなく、苦手さの特性が正しく理解され適切な支援を受けて成功体験を重ねていくことであり、そのことが子どもの安心や人への信頼、自信を育てます。このような家族の願いのために、サポートブックが作成され活用されることを期待したいと思います。

　2018 年 5 月こどもの日に

服部　陵子

第Ⅰ章
サポートブックはなぜ必要か
子どもの現実・学校の現実

❶ 子どもの現実 ── 子どもは一人ひとり違う

「自閉症の子どもは担任したことがあるから大丈夫です」と言われることがあります。しかし、同じように自閉症と診断を受けていても、子どもの様子はそれぞれに違いがあります。その差は、重症度の違い、特性や偏りの広がりの差、知能の差などから生じるものです。いろいろなむずかしさを合併するタイプでは、その特性や支援も多項目にわたります。親でさえわが子について"とらえどころがない"と感じたり、扱いのむずかしさにため息をついたり、"こんなふうに感じるのか"と驚くことさえ少なくありません。このような特性を伝えようとするとき、症状の羅列だけでは具体的な苦手さが伝わらず、事実をたくさん書き連ねると焦点が合わないといったジレンマが起こります。

丸岡玲子さんが考案されたサポートブックでは、項目分けにして、苦手さと支援のポイントを同じページで読み取れるように工夫された点がとても優れています。この本でも丸岡さんのサポートブックを参考にしたひな形を作り（第Ⅱ章 p.38〜51）、項目に沿って苦手さの特徴と支援のポイントが記述できるようにしました。

❷ 学校の現実

小学1年生のAくんの母はある日、担任の先生に言われました。「お母さん、Aくんは私が話をしても聞いていないんですよ。話を聞くのが苦手なのでしょうか」。Aくんの母は驚きましたが、すぐに先生に答えました。「入学する前に校長先生と教頭先生にお会いして、言葉が一番心配ですとお伝えしました。長い言葉をいっぱい言われると、頭に入らなくなります。だから、一つずつ伝えてくださいとお願いしたのですけど……」

つまり、家族は入学前に（または始業式前に）伝えたつもりでも、肝心の担任教師に子どもの実態が伝わらないといった事情はたびたび経験することです。30人もの児童を担当し、しかもたくさんの業務をかかえる教師に、どのようにしたらわが子の大事な点を的確に伝えることができるだろうか、これがサポートブックの必要な理由です。

4年生のBさんの母は新しい担任の先生に「今日、BさんがCさんの顔を引っ掻いたんですよ。Cさんは何もしなかったのに」と言われ、電話でCさんの家族に謝るように言われました。「言葉で言えないから手が出ることがあります。そんなときはBにも何か理由があるのです」と新年度に伝えたつもりだったのに……と、電話で謝りながら涙が出たと言います。大事なことが新しい先生に伝わっていません。連絡帳には毎日たくさんのことが書かれていたのですが……。

どんな生育歴をたどり、どこに苦手さがあり、どんな支援が必要であるか、それらを手際よくまとめて、忙しい教師にも全部のページを読んで頭にインプットしてもらえるようなもの、こんなサポートブックが目標です。

◆ 伝えるタイミングは？── 伝えておかないと何が起こるか

　学校に伝えようとしても、「まだ入学してみないと何もわかりませんから。入学してから考えましょう」「学校でのことは学校と担任に任せてください」「お母さんの心配のしすぎではないですか。このぐらいのお子さんなら大丈夫です」「担任の先生はベテランですから」。これらは親たちがしばしば学校側から言われる言葉です。自閉症の子どもの多方面にわたる苦手さは、言葉だけでは伝えきれず、しかもそのことが案外理解されないものです。入学や新学期を前に、初めて担任してもらう教師にサポートブックのような文書を通して伝えるのがもっとも望ましいでしょう。とくに自閉症について初心者である教師の場合は、親ほどに、専門家ほどに自閉症を知らないのは当然であり、わかりやすく、読みやすい書き方が何より大切です。
　引き継ぎが何らかの理由でうまくいかない場合は以下のような事態が起こってしまいます。

> **引き継ぎがないとこんな結果に……**
>
> 　Dくん、小学1年生、アスペルガー症候群。幼稚園では仲良し組に世話をされ、見かけ上不自由はないものの、自分から友だちを作ったり話しかけたりはできず、嫌なことがあっても先生に言えず、帰宅するなり泣いたり癇癪を起こしたり、朝の登園を渋ったりがたびたびでした。学校への引き継ぎを頼んだところ、「お母さんの心配のしすぎ。お利口だから大丈夫です」と言われ、引き継ぎもなく入学を迎えました。入学後早々に、先生に訴えられないための泣きや朝の登校拒否が始まり、母のほうがパニックになりました。白紙状態での入学はアスペルガー症候群のような高機能群であっても無謀に近いものです（「高機能群」については p.18 参照）。
>
> 　Eくん、小学2年生。牛乳嫌いが強く、1年生では無理せずに苦手さが減るのを待つ方針でした。2年生で担任が代わり「嫌いでも少しだけ飲もうね」と言われて飲んだあと、気持ちが悪くなって吐いてしまい、Eくんの大泣きと物投げによって教室が混乱に陥りました。このことで「30人の子どもを犠牲にするわけにいきません」と担任の先生に言われ、母が戸惑いを訴えました。「私が悪かったのでしょうか。当然、前の先生から伝わっていたと思うのですけど」と恨みもフツフツでした。味覚・食感の過敏さは「単なる偏食」でおさまらない特性であり、教師との信頼関係ができた上で段階的に指導することが基本です。
>
> 　2人とも「気持ちを言葉で表せない」共通点があり、学校生活のつまずきにつながりました。言葉によるコミュニケーションの苦手さは、他にもさまざま行動を引き起こします。家族からしっかりと伝えて、支援について共通理解を図るべきです。

❸ 書いておきたい基本項目

　まずはプロフィールで子どもの名前・家族・ニックネームなどを紹介します。ついで自閉症の基本的な特性と、合併しやすい特性を書くとわかりやすいでしょう。発達面では、生活スキル（食事・排泄・着脱など）の到達状況、認知の特性、学齢に達している場合は学習面について書きます。ここでは項目立ての考え方を示します。

◆ **プロフィール**
　名前・ニックネーム・家族・主治医など、子どもの背景の紹介
　　○生育歴

◆ **長所**（子どものよいところ）

◆ **基本になる特性**
　① 人との関わり・集団での様子　友だちとどのように関わるか、人に対して過敏さや慣れにくさは？　➡　支援は？
　② 言葉とコミュニケーション　言葉での指示が理解できるか、自分の要求を伝えられるか、言葉以外ではどんな表現をするか　➡　どんな支援が必要か、言葉以外で使用しているコミュニケーション手段は何か
　③ 好きなこと・苦手なこと（関心の特性）
　④ 行動の特性
　　○多動や落ち着きのなさ・注意力などの特徴は？　➡　支援は？
　　○パニック・不安　どのような原因や場面で起こるか　➡　支援は？
　　○こだわり・くせ・行動の決まり事
　　○危険認知

◆ **合併する特性**
　⑤ 感覚過敏　聴覚・視覚・触覚・味覚・嗅覚・痛覚・温度感覚などに見られる特徴と支援
　　○苦手なもの

◆ **発達面**
　⑥ 生活面
　　　○食事・トイレ・衣服の着脱
　⑦ 認知（理解力）　わかること・わからないこと
　　　○これまでに受けた発達・知能検査
　　　○学習面（学齢に達している場合、必要）

◆ **その他**（書き足し用）
　上記以外で伝えておきたいこと

上記の①から⑦は必須と思われる項目です。各項目の詳しい説明は、第Ⅱ章基本項目（p.31～37）を参照してください。項目番号についても、第Ⅱ章の基本項目の書き方のほうがわかりやすいでしょう。

❹ 子どもから見た集団

　自閉症の子どもは、元々集団が苦手です。集団の中で要求される交流や会話、協調、たくさんの刺激、自分の思い通りにならないことなど、集団がもつ要因はストレスとなり、ときには苦痛をもたらします。

　普通学級の児童数は、20人以下のクラスから40人近くまで、学校によってさまざまです。大きすぎる集団は子どもによってはそれだけで怖れや拒否感をもたらします。たまに小学校や中学校を訪問する機会があると、学校という場の騒がしさに驚かされます。休み時間ともなると大勢の子どもたちがワイワイガヤガヤ。それは学校らしい賑わいや活気であっても、子どもによっては静かなところへ逃げ込みたい気分になるかもしれません。騒音が苦痛だと感じるタイプの子どもであれば、その点への配慮が必要です。入学の前に、子どもの反応や行動を把握しておくことが大事であり、学校訪問を重ねる家族も増えてきました。

　ある高機能自閉症の高校生は、新学期の進路別クラス編成で学級の人数が急に増え、「学校が窮屈になった」と訴えたあと、不登校になりました。元々他の生徒との交流が少なかった彼にとっては、新しい教室の雰囲気は息苦しく、しかもそれを誰かに相談することもできず、朝になって登校できないという形で表現したのだと思います。

　教室の構造も大事です。一歩入っただけで安心できる教室と、広すぎて落ち着かない教室とでは、子どもの安心感や親しみが違ってきます。第Ⅲ章に登場するあきらくんは、入学後に教室に入れなくて不登校になり、登校を支援するための支援室「りんどうルーム」が作られました。自分の居場所ができて、りんどうルームへ登校できるようになりましたが、2年生になるときに他の部屋に変更されて使えなくなり、不登校が再燃しました。集団の大きさと構造は、学校生活がうまくいくかどうかを左右する大事な要素の一つであり、サポートブックでの取り扱いは今後の課題です。

❺ 支援者（教師）との信頼関係を築くために

　定型発達の子どもであっても、何かできつさや辛さを感じたときは、誰かに甘えたり、嫌な

気分に寄り添ってもらって気持ちを和らげ、時間をかけて立ち直りをしていきます。友だちとけんかした、先生に叱られた、失敗したなどなど、子どもの生活にはいろいろなトラブルや思うようにならないことが付きものです。自閉症の子どもは多方面に苦手さがあり、定型発達の子ども以上にいろいろな不安や辛さ、怒りを経験するはずです。何かがうまくできなかった、何かしたかったけれど「ダメ」と止められた、などなど。それが我慢の限界を超えると、泣きやすさや機嫌損ね、パニック、または「困った行動」を引き起こします。子どもにとって教師は、自分を理解して寄り添ってくれる相手であり、一方では、苦手さに配慮しつついろいろな面を指導してくれる相手でもあります。こうして見れば、教師の役割の大きさがわかります。

　子どもによっては人への苦手さがあり、同時に人に対する過敏さがあり、頭ごなしに言われることで恐れや拒否が起こります。そうした面もサポートブックを通して伝えておくことが大事です。支援を受ける教師との間で穏やかで信頼できる関係ができることを目指して、サポートブックを作ってみましょう。

❻ 特別支援教育のスタートと家族の参加

　2007年度から高機能自閉症やアスペルガー症候群、学習障害（LD）および注意欠陥・多動性障害（AD/HD）をもつ児童に対する特別支援教育が実施され、子ども一人ひとりの特性や教育的ニーズに合わせ、また、自立や社会参加に向けた個別支援を行うという視点が大きく前進しました。

　一律の支援になじまない自閉症の子どもたちにとっては、個別支援がようやく義務づけられる時代になったことを意味する点で大きな節目の年でした。学校長（園長を含む）はその責任者として児童の実態を把握し、支援体制を整備していくことが義務づけられました。しかし現実には、まだ地域差・学校差が大きく、個別支援の浸透はこれからの段階です。

　一方、支援教育の理想のあり方では、支援計画を立てるにあたって家族も当事者の一人として参加し、対等の立場で意見を述べることを求められます。そうしたあり方は家族にとっても理想であり、一方では家族もわが子の特性と現状を十分に把握し、親としての意見をもつことを要求されます。サポートブック作りは、わが子への客観的な目を養うことにもつながると思います。

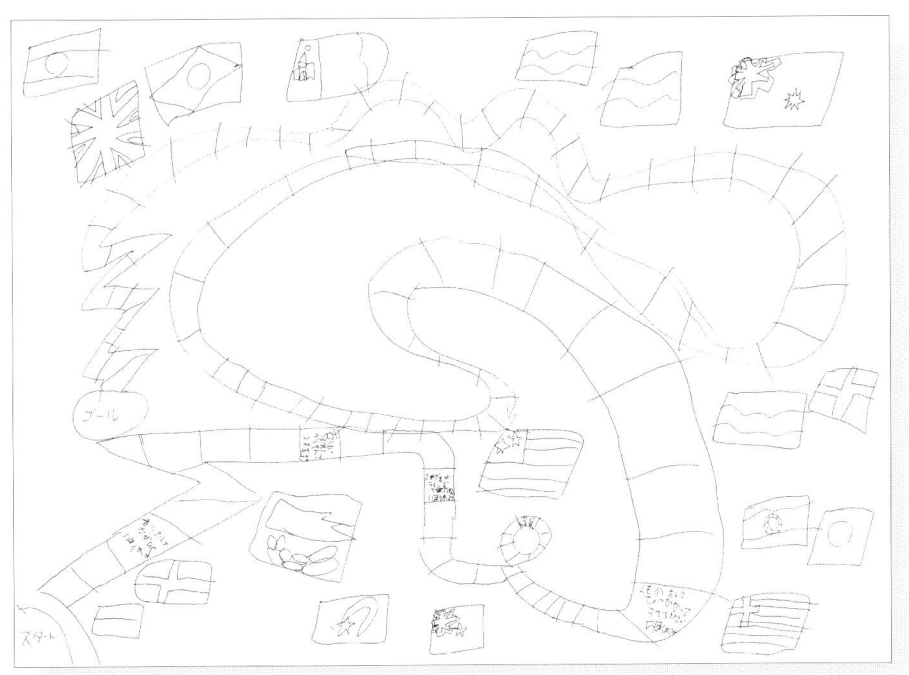

まさきくんの絵

サポートブックQ&A

サポートブックの勉強会で家族から出された質問をまとめました

Q すべての親が作成したほうがよいのでしょうか。

A 基本的にはその通りです。親は誰よりも子どものいろいろな面を知っています。新しく担当してもらう保育士や教師に対して、「こんな子どもです。よろしくお願いします」という挨拶だけでなく、文書にしたものを読んでもらうと、子どもを託す上での安心感が生まれます。どのようにまとめたらよいかわからないという人も、毎年少しずつ完成させていけばよいと思います。生育歴のように一度作成したら変わらない部分と、少し変化した部分、「ここはもう支援が要らなくなった」という部分があり、ファイルに綴じておくと、成長の跡を見ることができます。

Q どこから手をつけてよいのかまるでわかりません。

A 初めてだと何事もそんなものです。まずは最小限必要な項目から書き始めてみます。ひな形の項目に沿って順番にまとめ、うまく書けない項目は後回しにするか、省いてもよいでしょう。

Q ぜひ伝えておくべき項目がありますか。

A 感覚の過敏さは、親はわかっていても、生活をともにしていない他人にはわかりにくいものです。子ども自身も「○○が苦手だ」「○○は大嫌い」と言葉では教えてくれません。感覚の過敏さのために、好きなプールも、冷たいシャワーが絶対いやで、または足洗い・腰洗いの冷たい水が我慢できずに、プールに入ることさえ拒否してしまいます。不安を言葉で伝えられず、何らかの行動になって表れる場合も、その行動の意味がわかる親の側から支援者に向けて知らせておきたいものです。同じように、コミュニケーションの苦手さも子どもの外見だけではわからず、また、的確な情報にもとづいた支援が必要ですので、必須項目と言えます。

Q こだわり・くせや行動の決まり事についてはどのように扱うべきでしょうか。

A 大事な項目であり、書いたほうがよいと思います。家庭ではこだわりや自分の決まり事がある子どもでも（たとえば、好きなオモチャや色・服などへのこだわりや、寝る前の儀式）、家庭外ではそれが通らなくてもあまり問題にならない例が見られます。しかし、自分流の認知による行動のパターンがあり、それが通らないと機嫌を損ねたり、泣いたりするかもし

れません。周りからはなぜ泣いたのか、怒ったのか理解できにくい面です。ビデオのお気に入りの場面を何度も繰り返して見たり、気に入らないと相手にやり直しを要求する、つまり行動の巻き戻しも、家族に教えられて初めてわかる行動（自分のやり方へのこだわり）であり、子どもの理解に役立ちます。

Q うまく書けない（まとめられない）項目がありますが、方法は？
A すべての項目を埋める必要はないと思います。たとえば、他の子どもとの関わりの様子や集団での様子は家族は案外と見る機会が少ないものです。家族ではわからないところは支援者に観察してもらい、対処を考えてもらうという姿勢もよいと思います。サポートブックを提出したところ、「学校ではこんなことがありましたよ。こんなふうにしたらわかってくれました」と先生からの報告が増えて、連携がスムーズにいくようになった家族もありました。

Q サポートブックは毎年作るのですか。
A 基本的にはそれがベストです。家族の大部分は前年度の分を見直して手を加えています。小学校高学年になり、情緒不安定や自信喪失・うつなどの内面的な問題（いわゆる二次障害）が現れる場合は、それについてもサポートブックを通してきちんと伝える必要があります。

サポートブックの活用状況
（アンケート結果より）

　久留米市幼児教育研究所では、2004年度から言葉の遅れ、自閉症およびその他の発達の問題をもつ子どもを対象とする「サポートブック」を家族・研究所スタッフ・保育園・幼稚園と共同で作成し活用してきました。ここではサポートブックを作成するに至った経緯を述べ、その後、就学先の学校、および保護者を対象に実施したアンケート結果（2006年度分）をもとに、その活用状況を検討します。

◆ サポートブック作成に至る経緯

● 2004年度

①就学に対する家族の不安の声や就学先の担任教師からの問い合わせなどから、就学前と就学後をつなぐサポートブックの必要性を強く感じ、サポートブックについての研修会をもった。

②サポートブックのあり方や内容、項目について検討し、原案を作成した。

③保護者にサポートブックについて説明し、意見を聞き、それをもとに原案を検討してサンプルを作成した。

④サンプルをもとに教育委員会にも相談し、助言を求め、保護者の意見も参考にしながら、サポートブックの形式を決定した。（注：第Ⅱ章にあるひな形とは少し違います）

⑤保護者には基本的な内容の記入について説明し、関わり方の工夫など、支援に役立つ情報も記入してもらうように依頼した。

⑥研究所での療育の中で見えてきた、その子への関わり方など支援のヒントになるような情報や、保育園や幼稚園の生活の中で見えてきた支援のヒントとなる情報を記入した。

⑦小学校に対して趣旨説明を行い、各小学校で活用してもらうこと、個人情報保護について、また、小学校での児童の成長の様子を記録してもらうことなどの支援を要請した。

● 2005年度

①サポートブックの活用状況を把握するため、小学校と保護者にアンケートを実施した（第1回目）。

②アンケートをもとに活用状況を分析し、成果と今後の課題を明らかにした。

③保護者会でサポートブックについて説明し、意見を聞いたり、療育を終了した子どもの保護者のサポートブックを閲覧してもらったりしながら、保育園・幼稚園の年長児保護者にサポートブックの理解を図った。

● 2006年度
①わかりやすく、書きやすく、見やすいサポートブックを作成するために、表や写真、絵などを取り入れ、また、研究所での療育活動の中で有効であったスケジュール（活動の流れが視覚的にわかるように支援するもの。第Ⅲ章 p.79・86・97 に具体例あり）や絵（文字）カード、教材などを表や絵、写真などの形でサポートブックの中に取り入れた。
②小学校と保護者にアンケートを実施し（第2回目）、活用の状況を調査・分析した。

◆ 学校に対するサポートブックに関するアンケート結果（2006年度）

アンケート依頼先は研究所で療育を受けた子どもたちが就学した学校であり、回収率は100％（31校／31校中）でした。実施年度は2006年度です。以下に結果を示します。

【サポートブックを知った時期】は、「入学前」32％、「入学後」59％、「家庭訪問のとき」が3％、「その他」が6％となっています（図1）。

【誰から知ったか】の項目は、「保護者」が84％、「管理職」が6％、「その他」が10％でした（図2）。

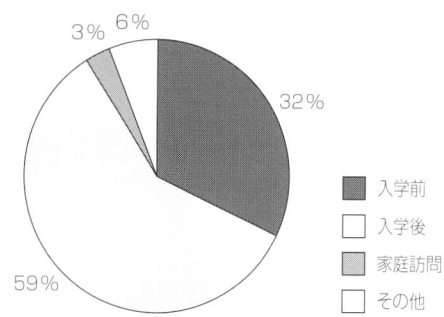

図1　サポートブックを知った時期

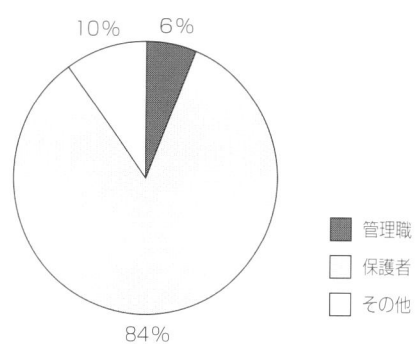

図2　誰から知ったか

この2つの結果から、サポートブックは子どもの入学前か入学後まもなく、主に保護者から知らされていることがわかります。

【サポートブックを読んだか】では、「はい」が94％、「いいえ」が6％（2名）です（図3）。「いいえ」と答えた理由としては、家族が必要性をあまり感じておらず担任に見せなかったからという理由であり、渡された教師はすべて読んでいます。

【読んだ時期】は、「入学前」が69％、「入学後」が25％、「家庭訪問のとき」が3％、「その他」が

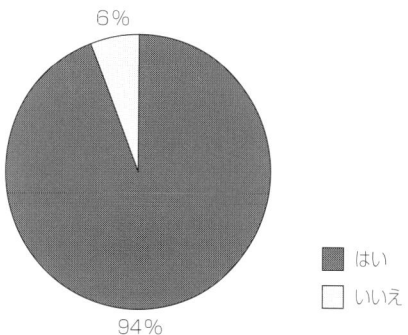

図3　サポートブックを読んだか

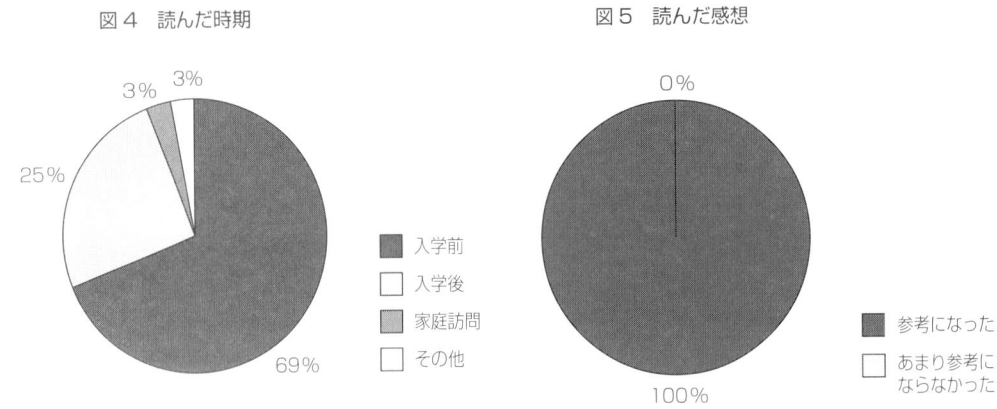

3％で（図4）、入学前に読んだ教師が7割です。

【読んだ感想】は、「参考になった」が100％で（図5）、すべての学校が参考になったと答えています。多くの学校が、行動の様子や特徴、コミュニケーションのとり方などがわかり、支援する上で参考になったと答えています。支援が必要な子どもへの職員間の共通理解のための資料作りや、通級学級への申し込みの資料として、とても参考になったとの回答もありました。

一方、「子どものよいところばかりを書いてあるように思う」「保護者の目を通さない要録みたいなもの（できない面も正直に書かれたもの）がほしい」「一日をどう過ごしているのか、24時間のリズムが見えたらいいなと思う」などの意見や要望もありました。

◆ 家族に対するサポートブックに関するアンケート結果 （2006年度）

回収率は97％（31家族／32家族中）でした。

【学校に見せたか】の項目は、「はい」が94％、「いいえ」が6％でした（図6）。

【誰に見せたか】の項目は、「校長・教頭先生」が12％で、「担任の先生」が42％、「特別支援学級の先生」が39％、「養護の先生」が1％、「その他」が6％でした（図7）。

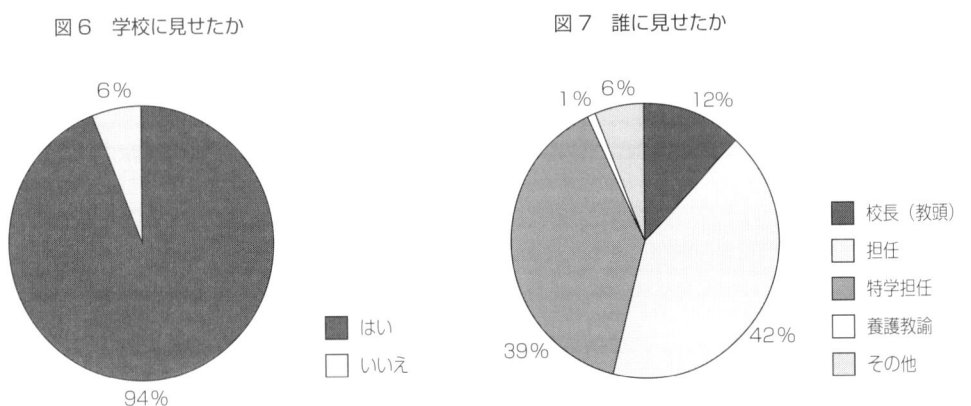

【いつ頃渡したか】については、「入学前」が42％、「入学式」が24％、「入学後」が28％、「家庭訪問のとき」が3％、「懇談会のとき」が3％でした（図8）。

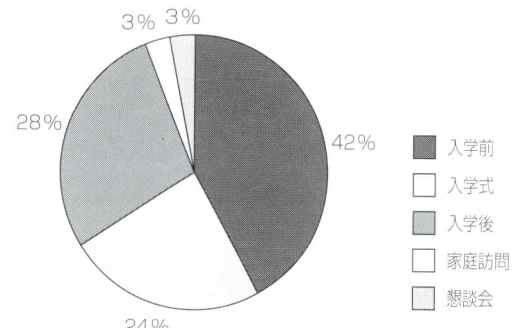
図8　いつ頃渡したか

【見せた感想】は、「よかった」が91％、「どちらとも言えない」が3％、「見せていない」が6％でした（図9）。ほとんどの家族は、見せてよかったと思っています。その理由として、言葉で詳しく伝えるよりもサポートブックを見せて伝えるほうが、うまく言えなかったり漏れていたりということも少なく、教師も子どもの様子を把握しやすく、小学校生活がスムーズに行えるということがあげられています。

どちらとも言えないという理由として、「受け取る学校のほうがあっさりしていて、あってもなくても関係ない感じであった。学校で参考にしていただけたらよかったと思うが、そうでなかったならばどちらとも言えない」との回答でした。

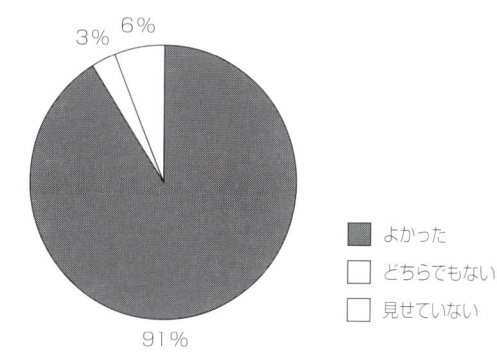
図9　見せた感想

また、文章が苦手なのでうまく伝わるか心配だったり、毎日接している子どものことをいざ文章にするとむずかしいと思ったり、一つの項目を書いていると違う項目と重なる部分が出てきて、そこをどのように書いたらいいのか悩んだ、といった感想もありました。

ここでも、受け取った学校側からのリアクションがわからないと、サポートブックを作る意欲がそがれ、目的が生かされないことがわかります。

この結果から、ほとんどの家族が入学前後に担任や特別支援学級の担任、管理職にサポートブックを見せています。どの時点でサポートブックを渡すかについて悩む家族が多いのですが、入学前に学校長などの管理職と支援コーディネーターの教師に渡すことによって支援態勢を十分に検討してもらい、また、新年度に担任が決まった段階で担任教師にもきちんと読んでもらうという2つのステップが必要になると思われます。【誰に見せたか】と【いつ頃渡したか】に示された結果のばらつきは、誰に見せるか、いつ渡すかについて家族が迷い、結果的に渡すのが遅れがちになることを表しているようです。これらの結果を今後のサポートブック作りに活かしていくつもりです。

支援者（サポートブックを読んだ教師）の感想

　第Ⅲ章事例集に登場する子どもを担当している先生方4名（2008年1月現在）に、サポートブックを読んだ感想や意見を寄せてもらいました。子どもに関わる立場はそれぞれに違いますが、サポートブックの意図を十分に汲んで、支援に直接、間接の形で役立てていることがうかがえます。感想は、幼稚園教師、小学校支援学級教師（2名）、および特別支援学校教師の順です。なお、支援学校では、サポートブックを家族が作成する際に、他の家族や教師とも話し合う場をもうけ、協力して作成しています。

① 幼稚園教師から

　サポートブックを新学期の始まる前の家庭訪問で、お母様よりお預かりしました。3歳児クラスのときも担任していましたので、Yちゃんのことは理解しているつもりでした。そして、4歳児クラスの1年間でどのように成長したのだろうかと興味をもって読ませていただきました。

　とても詳しくわかりやすく、Yちゃんの大好きなこと・いいところ・得意なところ・苦手なところ・感覚的なことが書かれていて、3歳児のときには見られなかったこともたくさん出てきて、Yちゃんの現在のことを理解するのに大変役に立ちました。

　そして、お母様の愛情も強く感じることができました。担任だけでなく、他のクラスの先生方にも見てもらって、Yちゃんのことを知っていただきました。

　私が一番気になったところは「年長の夏に幼稚園で行われる『お泊り保育』を1年も前から『行かない』ことに決めています」ということでした。幼稚園で一番の楽しい思い出になるであろうお泊り保育です。

　私のほうでも、Yちゃんのことを理解した上で、タイミングを見ながら興味をもつように話をしていきました。すると、意外にもすんなり「お泊り保育に行く！」と言ってくれました。

　そして、みんなと一緒に楽しんでお泊り保育に参加できたことは、とてもうれしいことであり、このサポートブックを作られた一つの具体的な成果だと思います。

② 小学校支援学級教師から

　5月初めに、保護者より4人（校長・教頭・交流学級担任・情緒障害学級担任）がサポートブックを受け取りました。その後すぐ、「支援が必要な児童の共通理解」という話し合いの

中で、サポートブックの内容の要点を全職員に伝えました。

〈感　想〉
○本人に出会う前に、具体的に書いてあるサポートブックを読み、Mくんを身近に感じることができた。
○どのように接すればよいか、わかってよかった。
○サポートブックの存在を知らなかったので、すごいと思った。
○特性がわかっているので、声をかけやすい。
○特性を知って対応するのと、知らないで対応するのとでは、大きな差だと思う。サポートブックの果たす役割は大きい。
○「どうしてMくんは○○なの？」などに対して、説明することができる。
○特性について、サポートブックを介して全職員が共通理解したことは、特別支援教育への意識の向上につながったように思う。
○Mくんがスムーズに学校生活を送れる手立ては、他の普通学級の子どもたちにとっても同じである。その手立て（視覚的支援や言葉のかけ方）をサポートブックで知ることができ、普通学級担任にとっても参考になった。
○サポートブックを通じて、保護者の方が、どういう面をどういうふうに見ているかわかる。どんなところを伸ばしてほしいか、願いがわかる。
○サポートブック1冊に、保護者の熱意が感じられる。その熱意を受け、教師も頑張らねばならないという気持ちになる。

③ 小学校支援学級教師から

〈サポートブックを見ての感想〉
　最初にいただいたときは、とても立派に作られていたので驚きました。サポートブックをいただいたのは初めてだったので、内容の多さと細かさに感心し、これまで保護者の方がさまざまな手立てを考えてこられたことがわかりました。また、項目を分け、色や罫線を効果的に使われていたので、大変見やすかったです。

〈意　見〉
　内容に、特性と対処法が書かれていたので参考になりました。これまでの成長過程で、子どもさんがどんなことをどんな方法で身につけてきたかを知ることは、子どもさんとの関わり方を考えるのに役立ちました。指導におきましては、紙面上の情報を参考にしながら、実際にお子さんと関わる中で自分が得た情報を生かしていくことを大切にしています。

〈サポートブックの活用〉
　担任したとき、前年度の担任に子どもさんの具体的な様子を聞くことができましたが、もし前担任が異動した場合には、サポートブックによる情報は大変貴重なものになると思

います。

　また、このサポートブックがあることで、保護者の方が何度も同じ内容をさまざまな場所で話されなくてもいいので、保護者の方の負担を軽減できるのではないかと思います。とくに、これまで専門機関でどのような支援を受けてこられたのかという内容は、子どもさんが成長するにつれてその内容が増えていきますので、文書として提出していただけると、教師が資料を作成する上でも役立つと思います。

④ 特別支援学校教師から

○コンパクトでもち運びがしやすく、また、子どもの好きなイラストが挿入されていることなど、「子どもが手に取ってみたくなるように」との親の思いがよく伝わってきました。実際、子どもも手にしてよく見ていました。（注：はがきサイズで作成）

○家庭と学校からの情報をまとめたもので、よりわかりやすくなっているように思います。家庭と学校と話し合いながらまとめる過程において、お互いの共通理解を図るよい機会になったようにも思います。

○ボランティアの支援者など、初めて接する人にどのような文章で伝えたらよいか（先入観や偏見をもたせないように、専門用語を使わず、わかりやすい言葉で、など）保護者と話題にできたこともよい機会になりました。

○夏の預かり事業や合宿・キャンプなどに参加するときに有効に活用されており、子どもが地域活動へ参加するときの手助けとなっているようです。地域への理解啓発の推進にもつながっているように思います。

○外食や買い物学習において、好きな食べ物や飲み物、また、嫌いな物などが具体的に書いてあり、支援者も悩まず自信をもって子ども本人に選択させることができたようです。

○より具体的な記述がほしい部分もありますが、多すぎると読むのに疲れますので、今回作成されたものは、記述の内容も量も適当だったと思います。

○「コミュニケーションのとり方」や「パニックの様子」「パニックの対処法（予防法）」について、また、排泄、身辺自立面での情報はとくに参考になると思います。「その他」の気づきのようなメモも参考になります。

〈学校内での活用について〉

○保護者の了解のもと、教育実習生に見てもらった。コミュニケーションや食事、排泄面をよく参考にしていたようだった。

○本年度、一部試行的に学年や学部間での新年度の引き継ぎ資料の一つとして活用した。個別の教育支援計画（3年スパン）や個別の指導計画（1年スパン）などで従来引き継ぎを行っているが、サポートブックも併せて活用することによって、即、子どもに接する場面での配慮点や手立てをイメージしやすいということだった。

以上から、子どもの外見だけではわからない"心の内"をサポートブックを通して教師が把握し、適切な対処につながったこと、事前に子どもの様子がわかることで教師の側に気持ちの上で余裕が生じ、また実際の対処に活用されていること、担任教師だけでなく園や学校全体での理解につながること、支援教育そのものへの理解が広がることなどが読み取れます。家族の熱意や願い、また、家族の努力への敬意も感じられます。サポートブックは園生活や学校生活の出発点において、教師との良好な関係を築くきっかけともなることは確かなようです。

じろうくんの絵（めいろ）

解説 高機能自閉症とアスペルガー症候群
（いわゆる高機能群について）

　第Ⅲ章の事例集では、高機能自閉症やアスペルガー症候群と診断された子どもの例が出てきます。高機能自閉症やアスペルガー症候群は、同じ広汎性発達障害の中に入る発達障害ですが、高機能群としての特性があり、診断上のわかりにくさをもっているため、ここではその概要を記してみます。

　自閉症を含む「広汎性発達障害」は、何らかの脳機能の障害によって起こると考えられ、遺伝要因のほか、妊娠中や出産時および生後早期の障害、特定の疾患など、いくつもの発症要因が推定されています。「心の理論」と呼ばれる課題（相手の信念や考えを推測する力を見るテスト）では、自閉症の人は対照群とは異なる脳の部位を使って課題を遂行することが示されました。彼らのさまざまな特性は、たしかに「脳のタイプが違う」「認知や感じ方が違う」といった表現を想起させます。

　広汎性発達障害とは、発達のいくつもの面で障害があるという意味です。その有病率（一般人口の中でどの位いるかの割合）は従来考えられてきたよりも高く、近年では1％前後と報告されるようになりました。

広汎性発達障害には以下のサブグループがあります（米国精神医学会 DSM-IV-TR による）
- 自閉性障害（WHO による ICD-10 では自閉症）
- レット障害
- 小児期崩壊性障害
- アスペルガー障害（ICD-10 ではアスペルガー症候群）
- 特定不能の広汎性発達障害（上記を満たさないもの。非定型自閉症を含む）

　これらの中で自閉症は、①対人的相互反応（社会性）の障害、②会話・コミュニケーションの障害、③行動や興味および活動の限局や常同的パターンの3領域の障害があり、これらが3歳までに発現するときに診断します。一方、アスペルガー症候群の診断基準は、①対人的相互反応の障害、②行動や興味および活動の限局や常同的パターンの2領域の障害があり、「言葉の遅れや知能の遅れがないもの」と定義します。自閉症とアスペルガー症候群とは、このように言葉や知能の点で診断基準上の差があります。

　高機能自閉症は医学的な分類ではなく、上のサブグループに含まれません。自閉症の中で

「知能の障害がない（IQ70以上）群」を高機能自閉症と呼ぶのが通例ですが、高機能自閉症とアスペルガー症候群との境界は明瞭でなく、診断に迷う例も多いため、「高機能自閉症」の名称への疑問も出されています。3歳前後に明らかに言葉の遅れと知能（学習能力）の遅れがある例では、会話・生活面・情緒や行動面を含めた多様な問題とそれに伴う養育困難が強く、そうした例ではアスペルガー症候群の診断よりも「（高機能）自閉症」としての方向付けが臨床的には役立ちます。そうした例の中で、後年に言葉や知能発達の追いつきが見られる場合、アスペルガー症候群に診断変更する例も出てきます。

　アスペルガー症候群は、診断基準の上では「言葉や知能の遅れがない群」ですが、現実には会話やコミュニケーションの苦手さをいろいろな形でもっており、臨床家の多くがそれを念頭において診断をします。

　英国の研究者ローナ・ウィングは、「自閉症スペクトラム」という呼称のもとで自閉症からアスペルガー症候群までをより広く（非定型例まで含めて）診断し、教育や支援につなげる立場を主張しています。自閉症スペクトラムでは、1）社会性の障害、2）コミュニケーションの障害、3）想像力の障害の「三つ組」を基本症状として診断します。

　以上のように診断基準上の問題はありますが、高機能自閉症は「IQ70以上の自閉症」であり、アスペルガー症候群は「明らかな言葉の遅れや知能の遅れのない群」と診断するのが多くの機関の通例であり、この2つを高機能群としてまとめて特性の現れ方を述べてみます。

◆ 乳児期から1歳代の特徴

　高機能自閉症とアスペルガー症候群では、知能（学習能力）が比較的高いために、言葉や遊びの発達は割合良好であり、そのために発達の軽度の問題を家族が見過ごしたり、乳幼児健診においても「少しは言葉の遅れや反応の弱さがあるけれど、もう少し様子を見ましょう」と言われることも少なくありません。そのことは診断が遅れやすいことを意味し、実際に高機能群の診断はそのつもりで慎重に見なければ見逃しにつながります。

　しかし、自閉症としての感覚の過敏さや睡眠リズムの障害、離乳食への抵抗などの問題を早期に発現する子どもでは、乳児期初期から泣きやすさや癇の強さ、睡眠障害などに家族が悩まされます。診断のあとで、「（初めての子どもでもあり）赤ん坊は何と育てにくいものだろう」と一人で悩んできたと述懐される母親もいます。第Ⅲ章の事例集の中にも、アスペルガー症候群の子どもの2例で、早期からの泣きやすさや過敏さ、癇の強さに戸惑った家族の経過が書かれています。

　対人的相互反応の障害は乳児期から、人見知りが強かった、または人見知りがまったくなかった、言葉かけに対する反応が弱かった、一人遊びが多かった、外へ出ると勝手に走り制止がきかなかった、などの特徴ももちますが、ある程度の愛着行動が見られ、また、年齢とともに少しずつ改善が見られやすいために、家族は関わりの苦手さに気づいていないこともたびた

びです。

　言葉の遅れは、始語（初めて話した意味のある言葉）が遅れるだけにとどまらず、指差しをしない、指示が通じない、言葉で要求しないなどのコミュニケーションの障害を合併し、注意深く見れば早期から何らかの言葉の問題を発現します。しかし、年齢とともに少しずつ言葉や要求行動の習得が見られ、周りもそれを見て少し安心するという場合が多いようです。

　3番目の基準である関心や行動の特性についても、同様のことが言えます。オモチャで遊ばない・お気に入りのものに固執する・同じ遊びを繰り返すといった特徴が早期にあっても、年齢とともに少しずつ変化し改善していきます。しかし、よく見れば、こだわりや遊び・関心の広がりのなさの特徴があり、また、関連症状である癇癪や自傷（頭を打ちつけるなど）、歩き始めの頃からの多動や落ち着きのなさなどもよく見られます。

◆ 幼児期の高機能群の特徴

　幼児期、とくに1歳半から2歳以降の高機能群では、自閉症の基本障害である3領域の特性がいっそう表面化し、多くはこの段階で診断可能となります。しかし、高機能群の知識や経験が不足する保育園・幼稚園の側から、診断のあとでも「自閉症ですか。言葉が話せますよ。友だちとも遊びますよ」と言われたり、家族の側も「働きかけが不足したのが原因ではないか。子ども同士交わる機会が少なかったせいでは？」といった事情に気をとられ、発達障害の事実に向き合えない場合も多いものです。高機能群の診断の受け入れはそれだけ容易でないのですが、診断の遅れが支援の遅れとなり、幼稚園や保育園生活の中で情緒や行動の問題につながりやすいために、臨床家はいつもこうした例に悩みます。学齢期に入って不登校の主訴（もっとも主要な症状や相談事項）で受診する子どもの背景に高機能群がある例では、不登校は幼児期来の何年もの不適応の結果であり、それだけ修復に時間がかかり、やり切れなさを痛感するものです。

　高機能群では、単に「視線が合わない、言葉が出ない、集団行動ができない、パニックがある」といった行動の羅列で診断するのではなく、各基準について十分に評価した上での診断が必要です。以下は幼児期の主だった特徴です。

1）対人的相互反応（社会性）や集団行動の特性

　高機能群の子どもは、ある程度集団に参加していても、定型発達の子どもとは違った様子が多々見られます。何となく集団の中に入ってはいるものの、実際に周りの子どもたちと言葉を交わしたり遊びを一緒にしているわけではない、またはしばらく遊んでいても、いつの間にか一人だけ抜けてしまうといったことは、幼稚園や保育園では日常的に観察される特徴です。一人だけ頼りになるお世話役の子どもがいて、その子どもに付いて回り、相手の動きを真似することで園生活が成り立っている場合もあります。同じように、何人かのお気に入りの子どもの

集団の中で過ごしていることもあります。

　子どもによっては明らかに孤立していて、他の子どもが先生と一緒に活動している中で、一人だけ窓のところから外を眺めたり、または園庭に出て遊具で遊んだり、周りとの協調がほとんどできないアスペルガー症候群の子どもも見られます。そのようなとき、先生が参加しやすいような場面で声をかけて友だちの中へ誘ったり、または周りの子どもたちの声かけで活動に参加したり、その繰り返しの中で少しずつ集団の楽しさを覚えていきます。しかし、協調性が育たないタイプでは、幼児期の終わりや小学期に入っても、みんなと同じようにする意思はなく、「したくないことはしない」との態度から、集団行動がほとんどできない子どももいます。これらの交流や協調の苦手さの背景には、相手の気持ちに気づいたり、相手の心がわかって共感する力の不足が共通して見られます。

〈行事への参加をどうするか〉
　協調が苦手であり、運動も好まない子どもにとっては、運動会に向けて繰り返し練習したり、暑い中で出番を待ったりする運動会は苦手さが強いものです。発表会自体は好きだけれど、その中で鍵盤ハーモニカを弾くのが苦手であり、発表会前に家庭で癇癪がひどくなり、母親が事態を察してタンバリンの担当に替えてもらって発表会を無事に終えたアスペルガー症候群の男児がいました。苦手さを言葉で表現できず、癇癪で表現した例です。運動会ではすべてを他の子どもと同じにするのでなく、出番や内容を調整し、本人用のプログラムを使用するといった支援をする園や学校も増えてきました。ある家族は運動会前になるといつも「明日は熱発です」と宣言して運動会を回避していましたが、自閉症の特性が配慮されなかった当時のやむをえない手段でした。

2) 会話とコミュニケーションの特性

　高機能群では言葉の遅れは軽度であるか、とくにアスペルガー症候群の子どもでは言葉の遅れがほとんど気づかれない場合も見られます。アスペルガー症候群では診断基準の中に言葉の遅れや知能の遅れがないという項目がありますが、実際には、ある程度言葉を話しても、やはり会話の苦手さがしばしば見られます。中には、子ども自身が会話の苦手さを感じていて、幼児期の早い段階から、よそでは話さないという防衛の機制を作り、家庭では何でも話すのに集団の中やよそではほとんど話さない、いわゆる緘黙症を発現させることがあります。一見したところ、性格が大人しく、社会性の未熟な子どもに起こった緘黙症のようであり、しかし十分な診立てによって、背景のアスペルガー症候群がわかるという例をときどき経験します。

〈高機能群がもつ会話の特徴〉
○言葉を少し話すが、単語をつないで話すことが多く、なめらかな文にならない。助詞や接続詞を上手に使えない。（会話表現の苦手さ）
○自分からその日の出来事を話すことがない。（会話の消極性）
○「どうしたの？」と尋ねても相手にわかるように説明できない。「今日は幼稚園で何をした

の？」と質問すると、いつも同じことを答えたり、他の日のことを話したりする。（説明や応答の不足）
- 言葉での指示が通らず、周りを見て行動する。（指示理解の困難さ）
- 質問に答えても、あとが続かない。（会話の持続の苦手さ）
- ゆっくり話すとわかるが、長い文で言われると通じない。（文脈をたどれない）
- きのう・きょう・あした、時間・時刻など目に見えない抽象的な言葉の意味が理解できない。
- 自分の関心事だけのお喋りが多く、会話のやり取りが少ない。（会話の相互性の不足）
- 嫌なことや不安を言葉で表現できず、泣いたり、癇癪を起す。（内面の表現が苦手）
- 言葉で言えずに相手のオモチャをいきなり取りあげたり、相手を叩いてしまう。
- 遊びながら独り言を言う。テレビやビデオからの取り入れが多く、言葉が標準語のイントネーションとなる。
- 言葉で周りとコミュニケーションを図る気持ちが弱く、黙って遊んでいる。（コミュニケーションの苦手さ）

　言葉・会話には《話す力、言葉を理解する力、相互にやり取りするコミュニケーションの力》の3つの機能があります。

　言葉によるコミュニケーションがうまくいかない場合は、生活の中でも友だち間でもトラブルのもとになり、加えて「指示が通らず、聞き分けがない子」に見られがちです。高機能群の診立てでは、言葉の数だけでなく、会話力・コミュニケーション能力への十分な評価が必要です。

〈スケジュールや手順書はなぜ必要か〉

　このサポートブックの事例集（第Ⅲ章）には、家庭や学校でスケジュールや手順書を使用している例が出てきます。自閉症では、言葉で指示されても、それを理解して行動することが苦手であり、それに加えて、一つのことに熱中していると次の行動へ切り替えられないという特徴もよく見られます。

　高機能群でも、このような特徴は同様です。朝の登園準備のとき、弟はさっさと支度して姉を待っているのに「ぐずぐずとして、急ぐ様子がまったくない」「言わなければトイレにも行かないし、歯ミガキもしない」、夜には「何度言ってもおフロに入る準備をしないで遊んでいる」と家族が嘆きます。

　スケジュールは、次は何があるか、または今日の午前中は何があるか、終わりはいつかなどを示す方法であり、手順書は、たとえば手洗いのとき、その手順を具体的に絵や写真、文字などで視覚的に示す方法です。スケジュールや手順書は、子どもが自分で理解し、自分の力で行動できるようにするための補助具であり、自閉症の子どもがもつ視覚的認知の優位性を生かした方法でもあります。

　教師の側から「言葉が話せているし、言葉でわかりますよ」「スケジュールはいらないのでは？」と疑問が出ることも少なくないのですが、そのような場合でも、子どもが自分の力で行

動の見通しがもてているか、理解の不十分さがあって混乱していないかどうかを十分検討するべきでしょう。

　ある幼稚園の子どもは、「早くしないと遅れちゃうよ」と先生に言われて、「遅れちゃう！」と言いながらあわてて走り出し、しかし何をすればよいのかわからずに周りの子どもを見ながら何とか動いていました、と先生からの報告がありました。家族・先生との話し合いの上でスケジュールを使うようになり、自分で次の活動を確かめながら落ち着いて準備をするようになりました。

　スケジュールは私たちが日頃必須の道具として使う予定表（手帳）と同じであり、それをなくしたときの混乱や周りへの迷惑を考えれば、周りの都合や流れが見えにくい自閉症の子どもでは、何歳になっても必要に応じて視覚的支援を受けるべきでしょう。

　一方、自閉症の中には、決まり通りにしないと気がすまない一種の几帳面さをもつ子どもがおり、朝の出発時間が何かの都合で変わると混乱したり、パニック様になることもありますが、この場合も変更を事前にスケジュールで伝えておく工夫が必要です。

3）関心と行動の特性

　これは自閉症の第3の診断基準です。高機能群では、知能障害をもつ自閉症群に比べると知能が高いために、オモチャの認知や遊びの習得もある程度良好であり、決まったオモチャだけに執着する特性や、本来の機能を無視した遊び方（たとえば、物を回転させてそれを見つめる、本でパタパタと音をたてて遊ぶなど）は重度の自閉症のように目立つことはありません。しかし、注意深く見ていると、オモチャ遊びの中でお気に入りのものを一列に並べる遊びをしたり、お気に入りの乗り物や図鑑などの種類をたくさん集めたり、ビデオのお気に入りの場面を繰り返し巻き戻して見るなどの特徴を多くの例で見ることができます。家族はそれらをこだわりだと気づきにくく、家族の側から語られることも少ないのですが、サポートブックに書いてもらうと、案外多くのこだわりをもっていることがわかります。気に入るといつも同じようにしたがる行動や、相手が自分の思ったようにしないと怒るという行動も、お決まりの行動へのこだわりであり、また場所により時によって使い分けることができないという、いわば「融通のきかなさ」もあります。年齢が上がるにつれて自分のお気に入りの行動が増え、また嫌いな行動もよりはっきりしてきて、嫌いなことは決して受け入れないという特徴が目立ってくる時期があります。周囲の人がそれらの発達特性を無視して関わると、周囲との衝突が増えて、情緒不安定の原因にもなります。

　一方では、高機能群ならではの熱中の仕方で、描画がどんどん上達したり、お気に入りの乗り物の絵を毎日多数描いたり、工作に熱中したり、またはピアノ教室で先生の言うことは聞かないけれど音感はすばらしいとほめられたり、彼らの感受性や才能に驚かされることもしばしばです。

4）その他の関連する特徴

〈生活スキル〉

　トイレのしつけのむずかしさや食事の受け入れにくさ（偏食や小食、自分で食べないなど）も共通しがちです。身辺のことがうまくできないために、家族も、どこかが違う、うまくいかないと感じたり、自分たちの育児の仕方に自信をもてずに入園の時期を迎えたという例がよく見られます。

　そうしたむずかしさは、子どもの聞き分けの悪さや育て方が原因でなく、子どもがもつ特性の結果であり、特性と苦手さを理解した上での段階的な指導が必要になります。

〈感覚の過敏さと多動・落ち着きのなさ〉

　感覚の過敏さと多動は、高機能群でも現れ方がさまざまであり、個人差も強い領域です。

　聴覚過敏があれば、通常のクラスの中で生じる騒音や、運動会用の音声やざわめき、スーパーのスピーカーなど、苦痛なものが多数出てきます。それらの苦痛をうまく言葉で表せないために、感覚の特性には常に配慮が必要です。多動であれば、それが現れる場面を評価して、支援の態勢（たとえば、部屋の構造や活動の種類を工夫する、刺激を減らすなど）を最大限考えたいものです。さもなければ、言葉だけの指導ではまず効果がないと思われます。

◆ 小学校入学以降の高機能群

　高機能群では小学校入学後、大半の子どもが普通学級で生活することに関連して生じる共通の問題が起こりがちです。友だち関係やコミュニケーションの面で入学後も苦手さが続き、加えて学習上の苦手さもしばしば合併します。たとえば、明らかなLDがなくても、読み書きの習得に時間がかかったり、勉強を嫌がったり、または授業中に興味がないと話を聞いていないといった問題です。そうした状態は情緒不安定やチックや心身症、学習意欲の喪失、不登校などの二次障害につながることを多くの臨床家は経験しています。

　小学3、4年以降では、仲間集団に入れないことを本人も感じるようになり、また、いじめなどの体験が重なると、本人自身が、「自分はダメな子だ。友だちができない」といった自信喪失や疎外感を訴えるようになります。これは高機能群では避けられない内面化の時期と言えます。「他の子どもに比べての自分」が少しずつ見えてくる時期にあたります。そうした時期に、なぜうまくいかないのか、なぜ苦手さがあるのかについて本人に説明し（告知にあたります）子どものきつさに寄り添いながら、支援法を考えることになります。

　学校で一日過ごすと疲れてぐったりとなり、その後に決まって体調を崩す子どもがときどき見られます。人との交流が苦手なために教室では緊張を強いられ、それが神経疲労につながり、ひいては登校が苦痛になってしまう子どもたちです。教師から見れば、学校ではお利口であり、授業もしっかり聞いているのですが、周りとお喋りして気分転換したり、息抜きができないという共通点があります。こうしたことの積み重ねによって、ある時期から不登校が本格

化した例では、子どもの全体像を理解するために、支援者ミーティングを開いて対策を話し合いました。

学校生活は行事が多く、何よりも毎年のように担任やクラス、友だちが変わるというめまぐるしさがあります。変化の苦手な自閉症の子どもにとって、こうした環境の不安定さは苦痛や心の落ち着きのなさをもたらすでしょう。ある小学校では、2年生のときの担任教師が自ら希望して卒業までの5年間を担任し、よい結果をもたらしました。

普通学級か支援学級か

子どもの入学にあたって高機能群の家族の多くが、普通学級か支援学級のどちらに在籍すべきかについて悩みます。特別支援教育のもとでは、普通学級に在籍する場合でも、必要に応じて支援が受けられるようになりました。その分、普通学級を選択する家族も増えましたが、その際、子どもの特性と支援の必要な点をまとめたサポートブックのような文書を提出し、支援計画を立てる際の材料にしてもらうとよいと思います。

普通学級に在籍するか、または支援学級かを考えるとき、参考にしておくべきことがあります。自閉症教育の先進国である英国と米国の専門家たちは、自閉症の特性を考えれば定型発達の子どもたちを対象とした普通学級での教育は得ることが少なく、特性に合わせて構造化された（組織化された）教育がより有効であると実践を通して指摘してきました。これは高機能群においても基本的に同じです。現実には子どもたちは子ども同士の関わりから学ぶことも多く、普通学級で優れた指導を受ける例は私たちの周りでも経験しますが、反面、適切な支援や配慮がなければ、不適応をきたす例が多いことも事実です。

英国や米国ほど特化されていない支援学級の教育状況を考えれば、普通学級と支援学級の併用が現実的解決法である場合が多いと思われます。その際、個別支援の希望を学校側にきちんと伝えておくことが子どもを守ることにつながると思われます。

高機能群の理解と支援の必要性は、以上のように広範囲にわたり、それは青年期・成人期へもつながる視点です。

第Ⅱ章 サポートブックの作り方（ひな形付き）

この章ではサポートブックを作る目的やメリットをまとめ、また、項目ごとの書き方について説明します。項目によっては子どもの特徴のほかに、コメントをつけるのもよいと思いますので、その例を示しました。

サポートブックとは（目的）

- 支援者に向けて、子どもの行動やコミュニケーション、感覚などの特性とその対処法を、項目ごとにわかりやすくまとめたもの
- 口頭では伝えきれない特性の多様さを文書にして伝える方法
- 親の願いや希望を伝えるもの
- 共通理解をもとにして（短期・長期の）支援を考えていく手がかりとなるもの

　サポートブックは、支援者（たとえば、新しい担任教師や特別支援担当の教師、その他の教職員、ボランティアの人など）に利用してもらうための文書であり、用途によっては携帯できるサイズで作ります。

　内容は項目ごとに、子どものもつ特徴や対応の仕方を具体的に書き、支援者の読みやすさに配慮します。たとえば、ある苦手さがあるときに、どのような領域の苦手さであり、どのような形で、またはどのような場面で現れ、それにどのように対処すればよいのかを記すことが基本です。

　サポートブックでは子どもの問題に対する見方や指針が示されます。たとえばパニックが起きたとき、それを困った行動としてとらえるのでなく、原因や背景を考え、パニックを起こさないですむような手立てを考えます。そのこと自体はどの子どもにも共通の大事な視点ですが、目の前で起きたパニックをどう理解し対処すべきかについては個々の違いがあります。それらをあらかじめサポートブックを通して伝えておく意味はとても大きいと思います。そこでは単に自閉症だからというだけでなく、一人ひとりがもっている家族関係や環境の差を含めた個々の特性が描かれ、また、自閉症があるけれど、こんな子どもに育ってほしいとの願いや希望も含まれることになります。子どもの苦手さは、成長しても基本的にはもちつづけるものが大部分です。サポートブックは、そうしたことを前提に、短期はもとより長期的な支援の目標を考える資料ともなります。

② サポートブックのメリット

- 家族が作ることで、家族でないとわからないことが記載されることが多い
- 子どもの情報が支援者と共有できる
- 子どもが安心・安定した生活が過ごせるようになる。社会生活が広がる

　サポートブックの活用によって、子どもの理解にもとづく相互のコミュニケーションが（言葉以外の方法などによって）早い時点からスムーズになるメリットがありますが、それ以外に実際に作ってみて、以下のことがわかりました。

　一番のメリットは、家族からの「生活に根づいた豊富な情報」が得られることです。第Ⅲ章の事例集にありますが、家族しか知らない情報がサポートブックに書いてあります。そうした大切な情報を共有することは、子どもや支援者にとって大きなメリットになります。また、家族も「サポートブック」を作成することで改めて子どもを見つめ直すことができ、気にも留めなかったことが子どもにとっては大切なことであったなど、新たな発見もあった、と言われることが多数ありました。これも大きなメリットです。

　内容は、「○○ができるようにご指導お願いします」というのではなく、「○○のようにすると本人はわかりやすく安心します」「○○するとうまくいくと思います」といった前向きの記述にすることで、支援者にとっても家族にとっても安心をもたらします。何より、子ども本人が安心して過ごせる環境につながることが期待できます。

③ 就学（就園）で使用する際のメリット

- 早くから適切な支援が可能となる
- 本人に関する情報を短時間で知ることができる
- 複数の人が同じ情報を共有できるので一貫した支援が可能となる。教師間での共通理解が得られる
- 個別の支援計画作成に向けて子どもの情報を的確に伝える方法となる
- 就学に対する保護者の不安を軽減する

就学を控えた家族から、「本人のどんな情報を、学校の誰に、どの程度伝えたらいいのでしょうか」「人（担任や学校長）が変わるたびに何度も同じことを説明しなければならない。具体的な支援のことまで話が進まなくて困ります」といった相談を受けることがあります。サポートブックはブックレット式ですから必要な情報を短時間で提供することができて、一定の期間内で多くの教師に目を通してもらえるチャンスがあります。

　また、学校側にとっては、サポートブックを通して入学前の早い段階から子どもの情報を知ることができ、教師間での共通理解も得やすくなります。

　支援を必要とする子どもの立場から考えると、今まで幼稚園や保育園で受けてきた支援や本人の特性などの情報がサポートブックを通して就学後につながることによって、安心して学校生活をスタートできます。

　このように就学を前にしたサポートブックの活用は、それぞれの立場にとって有効で望ましい方法です。

　特別支援教育では個別の支援計画が作成されますので、その資料として役立てることができます。子どもの就学を前にした家族は、学校生活に向けた不安がとても強いものですが、親としてできる準備（学校の見学や体験、話し合いなど）を一つずつ実践していくことでいくぶんとも不安が軽減されます。サポートブック作りも、少しずつできるところから進めていくことをお勧めします。

❹ 作り方のポイント

- 支援者の立場になって作成する（もちろん、本人の立場が一番！）
- 支援者、支援場面（学校生活、屋外活動、短期宿泊など）の必要度に合わせて内容や項目の比重を変えていく

　サポートブックを最初に作る際は、一通り項目を書き出して、一つずつ特徴を書き、わかりやすいようにエピソードも添えます（そのほうが本人の全体像や今の状況が見えてくると思います）。

　書き方は、支援する人が読んでわかりやすい、安心できる、言い換えれば不安やプレッシャーを与えない、具体的な支援ができる書き方にしていきます。

　できれば1ページ1項目にしておくことをお勧めします。なぜなら、書き換えが必要になったときに全部を書き換えなくてもすみますし、必要な項目だけピックアップして支援者に渡す

こともできるからです。
　また、各項目に優先順位をつけて、これを一番に知ってもらいたい！というものを最初にもってくるほうが、確実にそこだけでも見てもらえるのでよいでしょう。基本的には以下の順が書きやすいと思います。

5　基本項目

- 表紙と書き出し

1　プロフィール（ニックネーム・既往歴・主治医など）
- 生育歴

2　長所（子どものよいところ）

3　人との関わり・集団での様子

4　言葉とコミュニケーション
- 使用しているスケジュールやコミュニケーションカード

5　好きなこと・苦手なこと
- 自由時間の過ごし方

6　行動の特性
- 多動や落ち着きのなさ・注意力の問題
- パニック・不安とその現れ方
- こだわり・くせ・行動の決まり事　　● 切り替え・予定の変更
- 危険認知

7　感覚
- 苦手なもの

8　日常生活
- 食事　　● トイレ　　● 衣服の着脱

9　認知（理解力）　　わかること・わからないこと
- これまでに受けた発達・知能検査
- 学習面（学齢に達している場合）

10　その他（書き足し用）

◆ 表紙と書き出し

　書き出しは、支援者に向けて、サポートブックを提出する意図を説明し、同時に理解を求める気持ちを表すページです。ひな形を参考にして作成してください。個人情報保護についての記載も必要です。

◆ 基本項目の書き方

1　プロフィール（ニックネーム・既往歴・主治医も明記）

　本人の名前やニックネーム、緊急連絡先や既往歴、治療中の病気（薬を服用している場合は薬の情報も）などを書きます。ここは個人情報が強い部分ですので、必要に応じて活用したほうがよいでしょう。

　ニックネームの記載は必要ないのでは？と思われる方もいるかもしれませんが、大切な情報の一つです。いつも呼ばれている呼ばれ方でないと「自分ではない」と思う子どももいます。最初の出会いや一言は大切ですので、できればニックネームも入れてください。

　どの子どもでも支援を考える上で医療機関との連携が望ましいことから、許可を得て主治医名またはかかりつけ機関を書いておくと、学校側がコンタクトする際の参考になると思います。

【生育歴】

　第Ⅲ章の事例⑥のあきらくんの場合は、家族が生育歴を詳しく書きました（p.101）。これを見ると、現在のいろいろな苦手さが、早期に始まり、生来の認知や感じ方の特性であることがよくわかります。しかし、事情をよく知らない先生にはあきらくんの行動は「単なるわがまま」と見られ、暗に家庭の問題だと言われて家族が悩みました。提出する際は、この項目を必要に応じて省いたり短くしたり調整しています。

2　長所（子どものよいところ）

　ここは、ぜひ一番に記載してください。サポートブックは、新しい出会いがよりよいものになるためのものです。本人の「障がい」だけを理解してもらうものではありません。「その子自身（特性や能力を含めて）」を紹介するものです。まずは本人のよいところを最初に伝えてください。それが本人に対しても失礼のないサポートブックだと思います。この項目が一番よかった！参考になった、という報告もありました。

3　人との関わり・集団での様子

　どんなタイプの子（元気がいい子か、おとなしい子か、など）と遊んでいることが多いか、苦手なタイプがあるのか、どんな遊びは可能か、自分から人と関わるのか、そうでないのか、集団の人数はどれくらいなら大丈夫か……など、あげてみてください。友だちとのエピソードを

加えるのもわかりやすいと思います。子どもや集団そのものが苦手な場合は、それに関するエピソードやこれまでに受けた支援についての情報も大事です。

　学校の教師からもこの情報が知りたいという要望がありました。家族だけでは、集団の中での様子のすべてはわからないと思いますが、その際はわかることだけを書いて、今後、教師からの情報をもとに継ぎ足していくようにするとよいでしょう。

4　言葉とコミュニケーション

　項目の中でも大切なところです。自閉症の子どもにとってはもっとも苦手なところですし、支援者にとってもわかりにくいところですので、できれば具体的に、詳しく書き出してください。言葉を話しているわりに理解を伴わないことや、会話のやり取りにならないことがありますので、表現と理解の両方の項目があるとわかりやすいです。全体としてコミュニケーションの特徴（会話をしたがらない、会話が受身である、または一方通行になるなど）も参考になります。支援法として、「話しかけるときはゆっくり、言葉を一つずつ話してください。混乱しているときは、それ以上言葉をかけないでください」などのコメントが必要な場合も多いでしょう。

　どの項目にもあてはまりますが、全体をまとめようとして抽象的な表現が多くなると、内容はわかるが漠然としていて支援につなげにくいといった感想をもつ支援者もいます。支援者からは、いくつかエピソード（「～のときにこういうことがありました」など）を書いてもらうととても参考になるという意見がありました。

【使用しているスケジュールや手順書、コミュニケーションカード】

　現在使っているものを写真や実物で紹介するのがよいでしょう。スケジュールは、どのような場面で、どのように使うかが大切ですので、それぞれのスケジュールの使い方を必ず記載してください。中には、紹介されたスケジュールをどのように使ったらよいかわからず、支援者が困惑したり、それまでとまったく違うやり方で使用してしまい、子どもが混乱してしまったケースがありました。誤った使い方のために、効果がない・うまくいかないと勘違いをされないように、サポートブックと一緒に実物を提示することも役に立つようです。

5　好きなこと・苦手なこと

　遊びやテレビ番組、ビデオ（DVD）や音楽、キャラクターなど、具体的に記載してください。また、それぞれに対して支援者がどのように対応したらよいか、知ってもらう必要があれば記載してください。家族に書いてもらうと、支援者の予想以上にいろいろなことに興味をもっていたり、反対に苦手さも多かったりするものです。自由時間の過ごし方や、クールダウン（パニックなどが起きたとき気持ちを落ち着かせること）が必要なときに何で過ごしたらよいかの参考になる項目です。

【自由時間の過ごし方】

　自由時間の過ごし方も、どのように過ごすのか、具体的に、屋内・屋外と分けて、できれば

時間も併せて記載するとわかりやすいと思います。また、苦手なものもあるかもしれませんので、それも同じく記載してください。どちらについても、そのときに支援者はどのようにしたらよいのか（一緒に遊んだほうがよいのか、それともそっとしておいてほしいのかなど）記載してください。

　自由時間自体が苦手な子どももいます。自由時間をどのように過ごせばよいかわからず困惑する子もいますので、たとえば、どんな遊びや遊具・教材を提示するとその中から選択して過ごせるのかなど、支援の方法を記載してください。

6　行動の特性

　多動や落ち着きのなさ、注意がそれやすい面があるか、ゆっくりと行動するタイプか、屋内や屋外、特定の場所での行動の様子などを記載します。現在行っている支援や、配慮が必要なことがあればそれも併せて記載します。「他の子の動きで注意がそれやすいので、学習のときは机の位置に配慮してください」といった書き方をします。

【パニック・不安とその現れ方】

　この項目も大切なところです。パニックの原因となりそうなことと、そのときの様子、対処法をワンセットにして書き出していくと支援者もわかりやすいと思います。

　また、パニックまではいかなくても不安になる事柄があれば、それも同じように書き出しておくと配慮がしやすく、本人も安定した時間が過ごせます。

【こだわり・くせ・行動の決まり事】

　こだわりの対象（物、または行動）やくせ（指しゃぶりや服さわりなど）は、どのようなものか、どんなときに出やすいか、理由（背景）があればそれも書いて、どのように対応すればよいか記載してください。この項目については、第Ⅰ章のQ＆A（p.8）の中にも書いてありますので、参照してください。

　日常生活において、その子なりの行動のし方、決まり事（たとえば、○時にフロに入る、決まった場所で同じフレーズを言うなど）がある場合は、それも記載してください。

　場面の切り替えや予定の変更が苦手であり、その際は軽いパニックになるといった様子や、その対処法もここに書きます。量が多ければ項目を独立させて書いてください。事例③いっぺいくん（p.81「場面の切り替え」）や、事例⑥あきらくん（p.108「行動のコントロール」）の書き方が参考になります。

【危険認知】

　生命に関わりますので、具体的にすべて記載してください。「トリが大嫌いで、歩道でハトを見ると避けようとして車道のほうに走り出すために、一人で登校できない」と書いた家族もありました。大人が注意しなければならない場所や場面は、事前に把握しておくことが何よりだと思います。

7　感　覚

　あえて「感覚」という項目を設けました。この苦手さや特異性を理解してもらえない、ということで悩んでいる家族も多いと思います。自分が感じている「感覚」を相手も同じように感じ取ることはなかなかできないものであり、相手がその人の感覚の苦手さに気づいて共感することはむずかしいものです。私たちはある程度、言語化して自分の不快感や苦手さを相手に伝え理解してもらえますが、言語化するのが苦手な子どもにとっては周囲の人に自分の感覚の受け取り方や苦手さを理解してもらうのはとてもむずかしいことです。

　ですから、私たちの感覚の基準で判断してしまい、本人の苦痛を理解できずに問題が生じることもあります。ここは細かく本人を見て書いてみてください。「感覚」には視覚・聴覚・嗅覚・触覚・味覚などがあります。それぞれで過敏なところや、鈍いところがあるならば、エピソード（「こういう音が鳴ると耳をふさぎます」「雨で少し濡れただけでとても嫌がりました」）でもかまいませんので、書き出してください。

　そして、ここからが重要ですが、その感覚の苦手さを周りの人が理解して、「そのうち慣れるから……」「練習すれば軽減できる」と安易に働きかけることを控えてもらうように、感覚の過敏さへの理解をお願いするコメントをつけておくことをお勧めします。コメントの例はひな形のページにあります（p.47）。

8　日常生活（食事・トイレ・衣服の着脱）

　各項目について、支援が必要であれば、どのような場面で何をどのように支援してほしいか記載していきます。

【食　事】

　好き・嫌いやアレルギーの有無、外食の場合は、選びやすいメニューや入りやすいお店を記載します。

　好き・嫌いの問題は本人にとって大切なものです。「だいたい何でも食べます」と家族が述べた場合でも、いざ書いてもらうと、決まったメーカーのお菓子しか食べないといったことがわかったケースもありました。

　あるケースでは、「嫌い」な食材・メニューはすぐに記載できたのですが、好きなメニューは思い浮かばずに記載されていないことがありました。「好き」なメニューも大切な情報です。わからない場合は、よく食べているメニューや味付けでもよいと思います。可能であれば、本人に尋ねて記載してもらうとよいでしょう（本人は意外な？メニューを言うかもしれません）。また、「嫌い」なメニューのときの支援者からの声かけや支援の方法も必ず記載してください。

　食事にかかる時間や分量についても、配慮が必要な場合は記載しておいてください。いっきに食べてしまう場合は小分けにして出してもらうなど、配慮が必要なケースがあると思います。

　外食については、入りやすい店（店名など具体的に）や座る場所（結構こだわる子どもが多い

です)、メニューの選び方や決まって選ぶメニュー、マナーなど、配慮が必要であればその支援法を記載します。

【トイレ】

　トイレ行動の苦手さは高機能群でもよく見られます。失敗しないためには、お漏らしする前に行かなくてはならず、見通しの力も必要です。狭くて臭気のある場所で、下着も下ろして……など、苦手さの要因は複合的です。学校には和式もあります。洋式・和式の使用が可能かどうか、外出先でのトイレは可能か、また、大・小便それぞれの支援の必要性と方法についても記載します。トイレに行きたいときにサインや素振りで伝える子どももいますので、そのような場合はどのようなサインなのか、絵や写真付きで説明するとよりわかりやすいでしょう。トイレを失敗するのは本人にとって傷つくことです。学校生活を円滑にスタートさせるためにも、しっかり情報を伝える必要があります。

【衣服の着脱】

　支援の必要性についてのコメント以外にも、靴のサイズや洋服のサイズも記入しておくと、着替えが必要なときなどに便利です。また、洋服の好み(特定のキャラクターものが好き、何色の服を好んで着る、綿素材でないとだめ……など、こだわりのある子どももいます)も記載すると、不意に着替えなくてはならなくなったときに支援者が選びやすいでしょう。

9　認知(理解力)

　わかること・わからないこと、支援の方法を記載します。自閉症の子どもは、自分から「ぼく、○○がわかるよ」「○○はわからないよ」と自分のことを相手に伝えることがむずしいのが通例です。何がわかっているのか・わからないのか、人の表情の認知や顔・名前の記憶、時間や曜日の理解、物事の流れの理解などについて書き、現在の支援についても記載します。ほんとうはできるのに何も言わないのでできないように見えたり(文字の読みなど)、わかっているようでわかっていないこと(遊びのルールなど)も多数あり、書いておかないとわかりにくい面です。

【これまでに受けた発達・知能検査について】

　可能であれば、これまでに受けた発達・知能検査の資料も入れておくと、とくに支援学級や支援コーディネーターの教師で検査の知識をもっている教師にとっては参考になり、子どもの外見だけではわからない苦手さや反対に優れた面も読み取ってもらえると思います。

　自閉症の評価に使われる標準化された検査には、新版K式発達検査、WISC-III、CARS、PEP-R(またはIII)などがあります。標準化された検査法では、苦手さや得意さが客観的に示され、支援の必要な点や支援法が導き出されます。第III章に、事例①しょうたくんの新版K式発達検査(p.64)、事例②ゆいかさんのWISC-III検査(p.76)、事例④じろうくんのPEP-R検査(p.93)の報告の一部を載せました。

【学習面】
　学習場面での本人の様子や理解の状態について、これまでの学年で把握できた特性を書き出します。好きな科目や苦手な科目、集中時間やそれぞれの支援方法について記載します。学年が変わり担任の教師が代わると、それまで拡大コピーをしてもらっていたのが急に普通の教材になった例がありました。学校内での支援の引き継ぎの問題ですが、家族も自分の子どもが受ける支援について把握しておく必要があります。

10　その他（書き足しがあるので必要）
　必ず、書き足しが出てきます。書き足しがないにしても、項目としてあげておいてください。

＊　追加項目（短期宿泊や校外学習向け）
　短期宿泊向けの項目としては、入浴、睡眠、朝の起こし方、洗面などがあげられます。どれも家庭でしか知りえない情報ですので、できるだけ具体的に書くことが必要です。
　各項目については、事例⑦りょうくんの書き方を参照してください（p.121）。事例⑥あきらくんは、病院受診の際の支援法を教師にも理解してもらうための参考資料としてサポートブックに載せています（p.113～114）。

❻　フォームについて・その他

　就学に向けての学校用であれば、A4サイズのクリアファイルがよいと思います。なぜなら書類がたくさんある職員室や机で先生方に見てもらわなければならないので、保管の問題が出てきます。比較的目に付くサイズのほうが、紛失の危険も少なく、個人情報保護の観点からも安全性がある、という理由からです。もちろん見やすさから言ってもA4サイズのほうが読みやすいでしょう。
　さらに、学校向けでは管理職用と教職員用の2冊（同じものをコピーして）用意して渡すほうがよいようです。学校側からは、事前に渡されたサポートブックはいつまでに家族に返さなければならないのか、学校で保管しておいてよいのか、職員全員に見せていいのか、学年担任までなのか、なども明記してほしいという要望もありました。
　それ以外の使用目的（たとえば、宿泊や余暇活動向け）の場合は、その場ですぐに読み返すことができるよう、携帯できるサイズ（はがきサイズ）がよいと思います。第Ⅲ章では、事例⑦のりょうくんのみが、宿泊用やボランティア用を兼ねるため、はがきサイズです。

サポートブックのひな形

以下のページからは、ひな形（見本）です。

- 各項目の長さは一人ずつ長短の差があるかもしれません。伝えたい内容が多いときは長めに、要点だけでよいときは短めに調整してください。子どもの状態だけでなく、説明、またはお願いのコメントをつけたほうがよい場合もあると思います。コメントの例を◯に入れてつけました。
- 枠や段落、色使いなどは、読みやすさに注意して工夫するとよいと思います。
- 書き出しのページはいろいろな表現の仕方があってよいと思います。ひな形（p.39）を参考にして、オリジナルの書き出しを作ってください。これまではっきりとした診断を受けていない場合や、診断を受けているが書かないほうがよい場合は、下記のような書き方でもよいと思います。

　　このノートはサポートブックと言います。
　＿＿＿＿＿＿（名前）が学校で問題や困難に直面したとき、前向きに対処できるように励ます手立てを示しています。
　　これから始まる毎日の学校生活の中で、本人はもとより、周囲の人たちがどのように関わるのかを考えるきっかけになることを願って作りました。
　　子どもの行動や特徴は発達し変化していきます。発達に合わせ、また支援の中で新たになった点も含めて更新していきたいと思っています。ご理解とご協力をお願い申し上げます。

　個人情報が多く含まれていますので、使用時はプライバシーに配慮して慎重に取り扱ってください。

表紙と書き出しのページ

サポートブック

　このノートはサポートブックと言います。

　私たちの長男○○○○は自閉症をもっています。言葉の問題や行動、コミュニケーションに特徴があり、成長の苦労や指導の困難さをかかえてきました。このサポートブックにはいろいろな面にわたる特徴や、これまでに受けてきた支援法を具体的に記してあります。子どもが学校（保育園）で困ったときにどのように理解すればよいか、またどのように対処すればよいかについて考える際の参考になさってください。

　サポートブックは子どもを前向きに励ます手立てを示しています。クラスや学校（保育園）の中で、本人だけでなく、周囲の人がどのように関わるのかを考えるきっかけにしていただければ幸いです。

　いろいろなサポートの方法が載っていますが、これがすべてではありません。

　ご意見やアドバイスをいただき、よりよいものに更新していきたいと思います。

このサポートブックを使用される方へ

個人情報の保護について

1. サポートブックは、子どもの個人情報はもとより、支援者や関係機関に関する情報が多く含まれていますので、使用時はプライバシーに十分配慮して慎重に取り扱ってください。
2. 使用にあたっては、子どもの保護者が許可した支援者だけがサポートブックを見ることができます。支援に関わらない第三者に情報を提供すること、また、承諾なしにコピーなどして二次的に使用することは禁止しています。

<u>情報の取り扱いにはくれぐれもご注意ください。</u>

★ プロフィール

<small>ふりがな</small>
名　前　　　　　　　　　　　　　　　（男・女　　学年）　　　　写真
　　　　　　　　　　　　　　　　　　　　　　　　　　　　　　（ある人）
ニックネーム

生年月日　　　　年　　　月　　　日（　　歳）　血液型

保護者　　　　　　　　　　　　（続柄　　）　　　　　　　　　　　　（続柄　　）

住　所

連絡先　自宅（　　　　）　　－

　　　　携帯　　　　　　　　　（　　）　　携帯　　　　　　　　　　（　　）

出身園　　　　　　　　　　　　　　電話（　　　　）　　－

かかりつけ医療機関（主治医名）

　　　　　　　　　　　　　　　　　　　　電話（　　　　）　　－

相談・療育の経過または、乳幼児期からの生育歴や診断歴

　

　

　

　

　

既往歴・現在治療中の病気・アレルギーなど

🍎 長所　こんないいところがあります

> もっとたくさんのいいところがあります。
> これからいっぱい見つけてください！

♥ 人との関わり・集団での様子

支援法

言葉（表出と理解）とコミュニケーション

言葉の様子・コミュニケーションのとり方

話し言葉の様子・理解の様子

コミュニケーションの特徴

支援法

- 話すときはゆっくり、穏やかな口調でお願いします。
- できるだけ短く（一度に一つのことを）、具体的に話してください。
- できれば、写真や絵、文字を使いながら説明や指示を出してください。
- 混乱しているときには、やたらと言葉をかけないでください
 （よけいにわからなくなってパニックになります）。

■ 使用しているスケジュールやコミュニケーションカード
（予定の伝え方として使用しているものを具体的に示す）

> 実際に使っているもの・使い方

> 複数にわたる指示も、スケジュールや手順書などの視覚的な手がかりがあると、大人からの援助を受けずに自分で行動がとれます。ただ、本人がやりたくない場合でも指示の紙があると「やらなければいけない」という思いでやるのですが、やりたくない気持ちもあって混乱してしまいます。使用の際は「やすむ」や「やめる」などのカードも入れておいて、本人に使わせてください（最初のうちは、支援者の方が本人の様子を見て、それらのカードを使うように促してください）。よろしくお願いします。

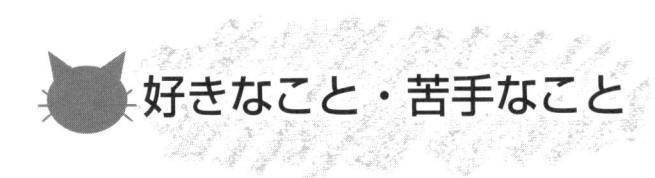

好きなこと・苦手なこと

好きなこと	苦手なこと

支援法

自由時間の過ごし方

屋　内	屋　外

支援法

行動の特性

🐦 多動や落ち着きのなさ・注意力の問題

支援法

🐦 パニック・不安とその現れ方

パニック・不安が起こる場面や原因

対処法

> まずは、パニック・不安を起こさないように環境を整えること、その原因を取り除くことが最善の対処法だと思います。ご協力お願いいたします。

こだわり・くせ・行動の決まり事

切り替え・予定の変更

支援法

危険認知

対処法

感 覚

感覚の特性やエピソード・苦手なもの

苦手なもの

対処法

こんなふうに感じています

たとえば、私たちでもガラスをキーキー鳴らされることがずっと続いていたとしたら、落ち着いて何かに取り組むことができませんし、慣れや時間で解決できるものでもありません。同じように本人は、私たちには気にならないような感覚でも、強く感じたり苦痛に思うことがあります。逆に鈍い感覚もあります。
- 感覚過敏の特性についてご理解ください。
- 苦手なものについては使用を控えて別のもので代用してください。

日常生活

食 事

好きなもの	苦手なもの

配慮や支援法

その他、箸・スプーンの使い方

支援法

■ トイレ

現在の状況

支援法

■ 衣服の着脱

本人の様子

支援法

認知（理解力）

わかること	わからないこと

支援法

📋 これまで受けた発達・知能検査（必要に応じて記載）

📋 学習面（学齢に達している場合）

> 視覚的な補助を用いると理解できることがたくさんあります。文字や絵・写真などの利用をお願いします。

その他

第Ⅲ章

事例集

1	しょうたくん	幼稚園年長	自閉症
2	ゆいかちゃん	幼稚園年長	アスペルガー症候群
3	いっぺいくん	小1情緒学級	自閉症
4	じろうくん	小1情緒学級	高機能自閉症
5	まさきくん	小2情緒学級	自閉症
6	あきらくん	小3情緒学級	アスペルガー症候群
7	りょうくん	小6特別支援学校	自閉症

この章の見方

● 第Ⅱ章の「サポートブックのひな形」(p.38〜51)との対応がわかりやすいように、基本項目のマークを見出しに入れています(たとえば「🍎いいところもたくさんあります」など)。
● 対処法として実施していることは二重枠で囲み、わかりやすくしました。いろいろな書き方があってよいと思います。
● 事例は年少のほうから順に並べてあり、学年が上がるにつれて、学習や授業、合宿などの項目が増えています。
● 初めて作成した家族もあり、何年も作っている家族もあり、さまざまです。初めて作られたサポートブックは未完成の面もありますが、家族の見方を尊重しました。今後、補っていくとよいと思います。
● 家族によるオリジナルは、イラストや色彩もついて楽しいサポートブックでしたが、編集の都合上、省略や変更を加えました(事例①、⑤、⑥、⑦でオリジナル版の一部を紹介しています)。
● プロフィールのページは、個人情報につき省き、代わりに編著者による紹介を載せました。
● 資料として、発達・知能検査の一部を掲載しました(事例①、②、④)。

❶ しょうたくん　幼稚園年長　自閉症

🔲 プロフィール

絵が得意で乗り物（とくに飛行機）に詳しい男の子です。軽度の遅れがある自閉症ですが、人が大好きで一見したところ偏りが目立たず、かえって特性が見逃されるタイプかもしれません。新学期の担任の先生の交代では、しばらく顔を合わせることが困難でした。集団の中では、先生の指示を理解できていなかったり、周りの友だちに合わせて動いたり、自分なりの参加をしていますが、自分の判断で動けないことに母が不安を感じてきました。入学に向けて、スケジュール使用の必要性も伝えることになりました。

🍎 いいところもたくさんあります

■ 人が大好き
- 知らない人（外国人を含む）にも話しかけます。
- セールスマンでも家に招き入れようとするので大変。
- 友だちの写真を見てニヤニヤ……うれしそうです。
- スキンシップが大好き、ハグ大好き、チュウ大好き、こちょぐられるのが好き。

■ お手伝いができます
- お風呂を掃除してくれます、自分なりに……。
- お皿を運びます。
- 上靴をたまに洗ってくれます。
- ゴミ出しも、時間があれば手伝ってくれます。

■ 穏やかです
- けんかは嫌いです。

- 自分から手を出すことはほとんどありません。

■ まず、自分で何とかしようとします
- お腹が空いたら、自分で冷凍ご飯をチンして、卵ご飯にして食べます。
- 朝ご飯も簡単なものなら自分で用意します（ジャムサンド、コーンフレーク、ふりかけご飯）。
- ウンチの後始末も自分で頑張ります。たまには便器も掃除します（後が大変ですが……）。

> もっとたくさんのいいところがあると思います。
> これからもいっぱい見つけていきたいです
> 　　大変だけど、かわいいです（親ばかです）

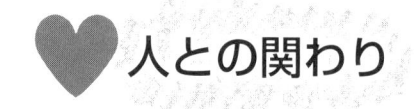

♥ 人との関わり

■ みんな大好き!!
- とにかく人が大好きで、人に対する好奇心はいっぱいです。
- ただ、話したいこと、伝えたいことがあると、見知らぬ人でも躊躇せず話しかけてしまい、家族 ➡ 身近な人 ➡ たまに会う人 ➡ たまに見かける人 ➡ 見知らぬ人、といった自分との関係の距離感がわからずに同じように接してしまいます。
- 穏やかに接してくれるほうが安心します。「元気いっぱい」な接し方（たとえば、大きな声、アクションが大きいなど）でいきなりこられるとかなり引いてしまいます。初対面やその日最初に会うときはとくに！です。
- 何かに集中しているときや相手にあまり興味がないと、話しかけられても注意が向きません。決して無視しているわけでも嫌いというのでもありません。

対処法

本人が取り組んでいるものが終わってから再度声をかけてもらうか、こちらから本人の視界に入り「今、話を聞いてください」と声をかけてから話していただくと、きちんと聞くと思います。

集団への入り方
- 自分から仲間に入るより、誘われて一緒に遊ぶことが多いです。苦手な遊びのときはスーッと抜けていきます。
- 体をいっぱい使う遊び(戦いごっこなど)を好むグループは苦手のようです。

人の感情や表情の読み取り
　泣いてる子のそばに行き、顔を覗き込み、嫌がられてもやめない。さらに、「泣いてるね～」と実況中継するのでひんしゅくを買う。

家族との関係
　じいちゃん、ばあちゃん、ねえちゃん(おばちゃん)、みんな大好きです。
　とくにじいちゃんは、自分の言うことを一番聞いてくれたり、オモチャやお菓子をたくさん買ってくれるので、とても好きです。しかし、いざ要求が通らないとひどいパニックを起こし、対応に困ってしまうことも多いです。
　周りが一貫した対応をしていないので、それが今後考えていかなくてはならない課題です。

コミュニケーションについて

聞く力
- 日常生活で使う短い言葉や指示は理解しています。
- 目で見た情報は入りやすく、理解も大きいです。

　　言葉を理解できていないときは……
　　→ 質問を無視する。
　　　その場を離れてしまう。
　　　オウム返しをする。
　　　質問とは違う回答や、まったく関係のない話を始める。
　　　とても困った顔をする(軽いパニック状態)。

- 長い話は聞き取れないことが多いので、短い言葉で話してください。
- わかりやすい言葉を使ってください。
- 質問を2択や3択にすると答えやすいようです。

📋 話す力

- 目の前で起こっている、または過去に起こった出来事を言い表すことのほうが得意です。
- 言葉遣いや発音はおかしいが、自分なりに話をします。
- 言葉を違う形で発語することがあります。
    （例）じてんしゃ　➡　でじんしゃ

> 間違っていることを伝え、ゆっくり発語するように促すと、言い直しをしてくれます。

- 人から嫌なことをされたときに「いや」「しないで」と言い返せません。
- 「わからない」「むずかしい」を伝えることが苦手です。
- どう対処したらいいのかわからない、または嫌なことをされていると理解していないときがあります。

> そういうときは代弁してあげるか、黒子になってあげてください。嫌なことをされたと報告したときは必ず、話を聞いて助言するようにしています。

📋 しょうたの言葉の世界

　たくさん話をするわりに内容を理解していないことがあったり、意味を理解することがとても苦手で適当に発言していることもよくあります。いろいろな言葉を理解できるようになれたら、もっとみんなと仲良くなれるはずですが……。

しょうたくんの書いた字

好きなこと・自由時間の過ごし方

屋外での遊び

好　き	援　助
体を動かす 水遊び・土いじり ゲームセンター・乗り物 オモチャ屋さん 本屋さん	● とにかく危険がないように見守り、声かけをする ● お金の使いすぎ、使い方に注意 ● 迷子に注意 　興味があるところに突っ走る傾向あり

屋内での遊び

好　き	援　助
絵を描く・製作する プラレール・トミカ テレビ、ビデオ鑑賞 　ドラえもん、クレヨンしんちゃん、サザエさん、ちびまる子ちゃん、トムとジェリー、はねのとびら	● 一人でも上手に遊べます ● 一緒に遊んでほしいときは、自分から相手に対して関わりをもとうとします ● 遊びに誘ってあげたら、とても喜びます

● 自分なりにいろいろなことをしようとします。手先は結構器用で、製作をしたり絵などを描くのを好みます。
● オモチャは基本的に乗り物系が好きで、飽きずによく遊んでいます。
● テレビは視覚的に見てわかりやすいジャンルが好きです。ヒーローものや、怪獣などが出てくるジャンルは興味がありません。

行動面

🔲 こだわり
- 洋服は基本的に自分で好きなものを着たがります。
- 色は水色、青、赤、オレンジ、緑がとくに好きです。
- 好きなものがないときは「洗濯してるからないよ。ごめんね」と言えば、だいたい納得して別のものを着てくれます。
- 雨の日は絶対に長靴です。
- ふだん一緒に寝るのはママ（ただし実家では絶対じいちゃん）。

🔲 くせ（日常生活の中で見られる）
- 最近はたまにズボンを下げておちんちんを触っています。➡「触ったらだめよ」の一声でやめてくれます。
- ペンや箸の使い方が変です（注意してもなかなか直らないのでそのままです）。
- 数少ない書ける文字の書き順が違います（下から上に書いていることが多い）。形で覚えてしまうので、なかなか書き順を覚えられません。
- 歯ブラシを噛む（注意してもなかなか直りません）。

🔲 パニックや不安につながる原因や状況
〈怖がり〉
- かぶりものや大きな人形（とくにリアルなもの）が苦手です。たとえば、アンパンマンや戦隊もののキャラクターショー、カーネル人形、ドナルド、サンタクロース、おばけ、ハロウィンのかぼちゃなど。
- お菓子の袋についているキャラクターも怖がり、決して食べません。

> 人形やキャラクターの近くを通ることを避けたがるので、しっかり手をつないで「一緒にいるから怖くないよ」と声をかけたり、どうしても駄目なときは遠回りをします。

〈ちょっと嫌なことがあると〉
- 「ドンドンしたらダメ」「ドンドンドンする」などと言いながら壁や窓を叩く。
- 「投げた〜」と言いながら靴を投げる。
- 地団駄を踏む。

> とにかく本人の言い分を聞いて共感してあげたり、どうしたらいいか提案してあげます。

〈かなり嫌なとき〉
● 泣き叫ぶ（涙がボロボロです）。
● 地団駄、さらに自傷行為（頭を壁やテーブルにぶつける）。

> ここまで来たら手が付けられないときもあり、いろいろ声をかけても効果がない場合は、気をそらすか、嵐が過ぎるのを待ちます。

〈その他の原因〉
● 「急いで」「早く」などの言葉かけを行うと、緊張して行動がおかしくなります。➡ 時間にはゆとりをもって行動するようにしています。

> ● わがままでパニックになってるときは、無視したりその場をなるべく早く去るようにしています。仏心を出して要求を聞いているとますますひどくなります。
> ● パニックになりたくてなっているのではありません。放っておかないで、見守ってあげてください。

パニックを起こさないように環境を整え、その原因を取り除くことが最善の対処法だと思います。

日常生活　わりと上手です！

食事

好き	嫌い
ご飯・麺類、肉類・魚貝類・甲殻類 豆腐・こんにゃく きゅうり・小ねぎ・大根・えのき・かぼちゃ りんご・みかん・バナナ・とうもろこし メニュー●カレー・魚の煮付け・ギョーザ・かぼちゃの煮物・ハンバーグ・スパゲティ・刺身・エビフライ・鍋ものなど	葉野菜（ほうれん草・小松菜） 苦味のある野菜 ※野菜は嫌いだけど、野菜ジュースやトマトジュースは好きという不思議な味覚をもつ

〈結構偏食です〉

嫌いなものや食べたくないものは口に入れようとしません。無理に食べさせようとすると、軽くパニックを起こすことがあります。
- うちでは、一応食べられないものでも、食べるように促しています。無理強いはしていません。

〈間食について〉
- チョコレート・回転焼き・ジュース・お茶・コーヒー（ブラック）大好き！
- 嫌いな種類のお菓子もいっぱいあります（食べるものが決まっていて、それ以外は最初から食べません）。

衣服の着脱
- 一人でできます。
- 服をたたむのは下手だけど、「たたんで」と声をかけると自分なりにたたみます。

排　泄
- 自立しています（オシッコは立って、ウンチはズボンを脱いでします）。
- ウンチの後、お尻をきれいに拭けていないときがあります。
- オシッコをちょっとでもズボンに引っ掛けると着替えたがることがあります。
- トイレはどこでもできます。和式でもできます。

清　潔
- 歯磨きは自分でできますが、仕上げが必要なときがあります。
- イソジンを使ったうがいが大好き。
- 顔は自分で洗えます。
- 汚れたら、手洗い、着替えを自発的にします。やらないときは声をかけてあげます。

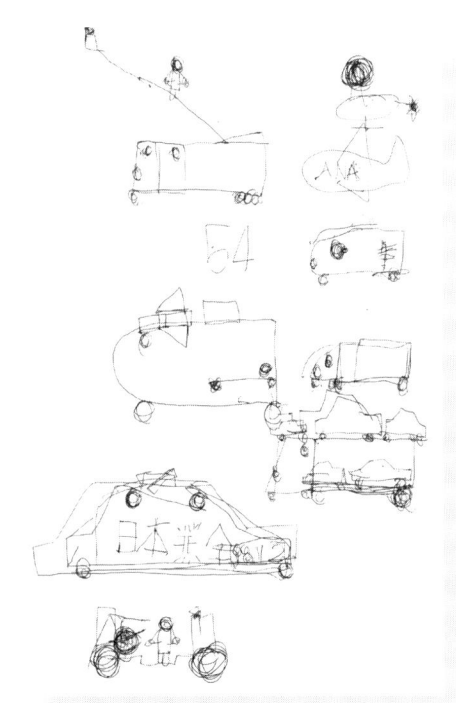

しょうたくんの絵

認知面

📁 むずかしいこと

- 1、2、3、4、5、6、7、8、9、10 がなかなか覚えられません。
- ものの数を数えるのがむずかしいです。
- 左右や勝ち負けの理解がまだできません。

〈時間の感覚〉

- 朝・昼・夜の感覚は理解しています。
- 具体的な時間はわかりませんが、時計に少し興味が出てきました。
- 今日・明日は理解しています。

〈約束事は遂行しないとだめ〉

- 「明日〜しよう」と話すと、翌日必ず「〜しよう」と言ってくるので、軽はずみに約束はしません。
- おおむね「今日はしないよ。今度しようね」ですむときが多いのですが、すまないときは軽いパニックにつながることもあるので要注意です。
- なるべく守れない約束はしません。

📁 母より —— サポートブックを作ってみての感想

- ◆ 1項目1ページで作る（ごちゃごちゃさせない）。
- ◆ あくまで支援者に「見てもらい理解していただく」ことを前提に、見やすいものを作る。
  - ＊ 色分けなんかも頑張ってして、支援者に「見てやろうかな……」という気にさせる工夫も必要。
- ◆ 探すのは大変だけど、できるだけ子どものよいところを前面にアピールする。それと、子どもラブな雰囲気が出るように工夫した。
- ◆ あれしてほしい、これしてほしいなどの要求は、書きすぎない（面倒くさいと思われないためにも……）、重たくなりすぎない程度に書いたほうがいいかも。
  - ＊ 「〜なときは、うちではこう対応しています」みたいに、さらっと対応の仕方をアピールするほうがベターな気がする。
- ◆ 障がいをもっていてもそれぞれ個性があるので、支援者から自分の子どもにより興味をもってもらうためにも、サポートブックは結構有効な手段なように思った。

> 資　料

発達検査から見たしょうたくんの特性

　今回の新版K式発達検査※では、認知・適応面の発達年齢は3歳6か月、言語・社会面は2歳9か月、全検査発達年齢は3歳2か月、発達指数54でした。全体では言葉の理解と表現の両面の苦手さが明らかです。

　言語面では、《同じに作ってください・同じに言ってください》の指示を理解できず、指示した言葉の語尾だけを繰り返したり、または、他の不明瞭な言葉を言いました。「同じ」の意味の理解が不十分です。選択の問題では大小（－）、長短（－）であり、大小選択はカードを指差しながら「大きいマル、小さいマル」と反応し、《どっちが大きい？》の意味を理解できませんでした。《男の子・女の子？》の質問では「おんなのこ」と終わりのほうを答えました。了解問題の《眠くなったらどうしますか？》の質問に対しては「ねむい」のように反応しました。

　つまり、言語面では3歳前後の項目の半数を達成できません。ふだんはだいたいわかって行動しているように見えても、言葉自体の理解と会話のやり取りはいまだ弱い段階です。わからない場面では意味不明の言葉を繰り返したり、何度か離席して部屋から出ようとしました。わからない場面で「わからない」と言えない点も特徴です。

　認知面では、折り紙を見本に合わせてきっちりと折り、かなりの集中力を要する門の構成も上手にできて、「できた」と満足そうに言って検査者の顔を見ました（視線を合わせたのは少数の場面でした）。認知面の項目で《足りないところを描いてください》と指示する人物完成法は、指示を理解できずに線をなぞって終わりました。

　検査中は、いつもの指導場面と違うために戸惑いが見られ、「4階は？」（いつもの場所）と同じ言葉を繰り返し、集中がやや悪かったのですが、検査後に行った仲間分けのワークではすぐに興味を示して取り組み、正しく分類し、《これは何？》の質問に対して「雨・ようちえん・どうぶつえん……」と正しく反応しました。

　以上から以下の点が明らかになりました。

- 日常使う言葉は増えているが、言葉の理解とやり取りはまだ3歳前の発達段階にある。
- 発達の特性は視覚認知優位である。ことに意味の伝達は視覚的な提示のほうが伝わりやすく、集中度も高い。
- 指示がわからない場面では戸惑いの様子や離席が見られた。
- わからない場面で「わからない」「むずかしい」と言葉で伝えることができない。

今後の支援として

● 言葉の弱さと視覚認知優位性を前提に、視覚的にわかりやすい指導場面の工夫（構造化）や、活動の流れや内容を伝える支援（スケジュールや手順書）が必要である。
● 言葉のレベルに合わせた言葉かけに配慮すること。言葉がわからない場面での戸惑いや離席行動の意味も大きい。
● 言語指導の中で「わかりません」「むずかしい」の表現を練習中であり、今後も続けてもらいたい。
● 予定の変更や初めての活動・行事では見通しをもてるような工夫が必要である。この点もスケジュール指導の中で解決できると思われる。

《言語指導の担当者から》

　言語指導では本人の特性をふまえて、
● 視覚的支援（スケジュールの使用とワークシステムの活用）
● コミュニケーションカードの練習
を行いました。

　スケジュールはその日に行う課題（4～5個）を写真カードで提示し、本人が順番を決めました（指導者が単独でスケジュールを決定することも了承できました）。スケジュールがあると、「おかあさんは？」と不安になって尋ねることもなく、落ち着いて課題に取り組みました。

　コミュニケーションカードは、本人には少しむずかしい課題を提示し、離席して回避する前に「むずかしい」カードを渡してその課題を終了する練習を行いました（他に「てつだってください」カードも練習）。実際の使用カードは次の通りです。

（サポートブックと一緒に入学先へ報告する資料。ここでは一部のみ掲載）

※新版K式発達検査（京都国際福祉センター）は0歳から成人まで（1～6葉）に適用され、姿勢・運動、認知・適応、および言語・社会の3領域と、全領域を通しての発達年齢と発達指数を算定します。言葉による指示の理解の弱さが示されたり、認知課題や言語・社会性課題の苦手さが明瞭に検出されやすいため、自閉症の発達評価の際によく使います。

食事について

好き	嫌い
ごはん・麺類 肉類・魚類・甲殻類 豆腐・こんにゃく・きゅうり・小ねぎ・大根・えのき・かぼちゃ・りんご・みかん・バナナ・とうもろこし ＜メニュー＞ カレー・寿司・ギョウザ かぼちゃ煮付け ハンバーグ・スパゲティ 刺身・エビフライ・鮎 等	葉野菜 ・ほうれん草 ・小松菜 苦味のある野菜 野菜は嫌いだけど、野菜ジュースやトマトジュースは好きという不思議な味覚を持つ

〜結構偏食です〜

- 嫌いなものや、食べたくない物は口に入れようとしません。無理に食べさせようとすると軽くパニックを起こすことがあります。
- うちでは、一応食べれないものでも、食べるように促しています。無理強いはしていません。
- 箸を使いますが、握り方が変です。たまに左手を添えて食べるので、見かけたら注意してます
- 箸使いはなかなか上達しません

〜間食について〜

- チョコレート・回転焼き・ジュース・お茶・コーヒー（ブラック）大好き！
- 嫌いな種類のお菓子もいっぱいあります

日常生活

衣服の着脱

- 自分で洋服を選んできて着替えることが出来ます
- 自分の脱いだ衣服を畳んで置きます
- 脱いだ服を置くかご等を用意してあげると、かごの中に畳んで置いてくれます

排泄

- 自立しています
- うんちの後、お尻をきれいに拭けていないときがあります
- パンツが汚れると、自分の判断で着替えます
- トイレはどこの場所でも出来ます
- 和式でも出来ます

睡眠について

- 部屋を暗くしないといつまでも寝ません
- 睡眠障害はありません
- 夜中に起きることはありません
- おねしょは、まれにしかしません

清潔

- 歯磨きは自分で出来ますが、嫌がらないので仕上げをしてあげます
- イソジンを使ったうがいが大好き
- 顔を洗うことができる
- お風呂はシャンプーも平気
- 汚れたら手洗い、着替えを自発的にする

気がつかない時には、ぜひ声を掛けて下さい
なんでも興味って取り組みます
色んなことを上手（？）に出来ると思うよ！！

しょうたくんのサポートブックオリジナル版

2 ゆいかちゃん　幼稚園年長　アスペルガー症候群

プロフィール

いつも静かで控えめで外からは特性がわかりにくく、それだけにサポートブックで伝えないと本人の感じていることや不安が伝わらないタイプです。家族が初めてサポートブックを作成して提出し、担任の先生もそれに応えてくださって、お陰で不安がっていたお泊り保育にも参加できました（第Ⅰ章資料2「支援者〈サポートブックを読んだ教師〉の感想〈p.14〉を参照してください）。

こんな子どもです

担当してくださる先生方へ

　5歳女児。幼稚園年長。ゆいかはアスペルガー症候群と診断されています。乳児期からぐずって泣くことが多く、歩行も遅く、睡眠の乱れや思うようにならないときの泣き叫びが強く、2歳前に最初の診断を受けました。しかし、幼稚園の中では、「先生の言うことをよく聞く」「おりこうさん」な子で、一見何の問題もないように見えます。ただ、赤ちゃんの頃から、ぐずりや親への執着の強さ・癇癪・こだわりの強さといった特性があり、家庭の中での問題をかかえていました。

　年少の頃、幼稚園では、困ったことや不安なことがあっても、それを伝えることがうまくできていないことがわかってきました。幸い、世話を焼いてくれるお友だちがいたことと、幼稚園の整えられた環境の中で適応はできていたようです。

　現在は、ゆいかの成長もあり、楽しい園生活を送っており、家庭でも少しずつ生活のルールを身につけ、聞き分けもよくなってきています。ですから「ゆいかの生きづらさ」は親である私でもなかなかわかりにくく、細かな注意を向けることが必要です。

　このサポートブックが、ゆいかを知っていただく手がかりとなり、園生活が楽しく実りあるものとなることを願います。

わかりにくい点や不十分な点は、教えていただければご説明いたします。
何卒、ご理解、ご協力のほど、よろしくお願いいたします。

♥ 大好きなこと

- 鍵盤を弾くのがとても好きで、幼稚園で習った歌、テレビで流れた歌などを自分で弾きます。園の先生になりきってジェスチャーを交えたり、母に「はい、ここから歌って」と呼びかけて楽しく遊びます。
- お絵描きを毎日のようにします。そして、絵をお手紙にして封筒まで作り、友だちや母にくれます。今は髪の長い可愛い服を着た女の子の絵を描くことが好きです。
- 歌って踊って、テレビに出る人やキャラクターになりきるのが好きです。「見て見て」と自分をアピールします。

🍎 いいところ・得意なところ

- 記憶力がよく、ずいぶん前のことでも、誰と一緒だった、どこで何をしたとよく覚えています。
- 音感がよく、覚えた旋律はすぐに弾きます。
- 興味があるものへの熱意の強さ。
- ルールを決めることが好き。
- ルールを守ることを優先する……自分の好きなことの制限であっても守ります。
- 目で見て理解したことは頭から離れません。
- 知的好奇心の強さ。ひらがなのワークブックなどを一人でさっさとします。読めない文字はすぐ質問して、いつの間にか習得しています。

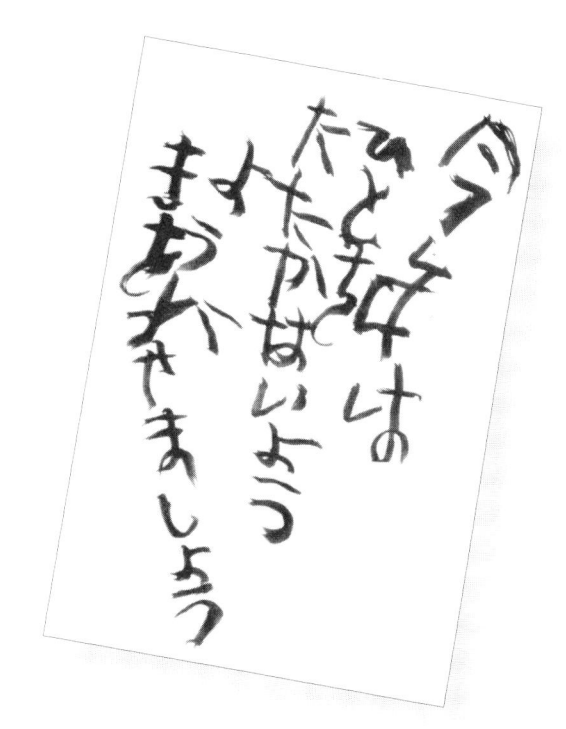

ゆいかちゃんの書いた字

ゆいかちゃんの絵

コミュニケーション
相手の気持ちに気づくこと

　ゆいかは言葉に関しての遅れはありません。ただ喋っているほどには理解していない、ということがあります。とくに、目に見えないもの、社会のルールや、暗黙の了解といったことへの理解が思うようにいかないということがあります。

◆ **例1**　遊びに夢中になっている友だちに対して伝えたいことがあって、「〇〇ちゃん」「〇〇ちゃん」と呼びかけるが、相手は遊びに気をとられてそれに気づかない。それでもゆいかは延々と必要以上の大声で「〇〇ちゃん、〇〇ちゃん」を繰り返す、といったことがありました。

> 相手が気づかないこともあるんだ、ということがわからない。呼びかけてダメなら、相手の前に回って、相手のほうを向いて、という方法がわからない。

◆ **例2**　幼稚園の部屋の中で、自由遊びのとき、友だちが誤ってゆいかの足を踏んでしまったとき、「今度そういうことをしたら、今度から一緒に遊ばない」と言ってしまったことがありました。

> 担任の先生が見ておられたので間に入ってとりなしていただいたが、故意ではなくそうなってしまうことがある、ということがわからない。

◆ **例3**　親が、時間をかけて作ったものを、目の前で簡単に捨てようとした。

> ➡ これは、叱った後にコミック会話を参考にした方法で伝えてみました（p.71 上のマンガ）。これを見たゆいかは涙を流し、さらにその1か月ほど後、私が夕食のギョーザを焼くのに失敗したときに、「お母さんが一生懸命に作ったんだから食べる」と言いました。その言葉で、見事に私の真意が伝わり、それを自分の引き出しに入れて応用することまでできるようになっていた、ということがわかり、私を感動させました。視覚的な支援の有効性と、ゆいかにとって視覚からの入力が人一倍強烈であるということを思い知る出来事でした。

例3で母が描いたマンガ

お願い

コミュニケーションの方法を教えるということはなかなか簡単ではありません。相手が一人のとき、多数のときでも違うでしょうし、その場の状況やさまざまなケースに対応していくには、一つ一つ根気よく伝えていかなければと思ってはいますが、いつ、何を伝えるか、というところで、なかなか具体的なことができかねています。ですから幼稚園での活動の中で、「こういうこともあるんだよ」「こういうときはこうすればいいんだよ」と教えていただき、それを私に伝えていただきたいと思います。家庭でも視覚的方法を用いたりしながら、一つずつ、ゆいかの引き出しを増やしてやりたいと思います。

ご協力のほど、よろしくお願いします。

苦手なところ

　いつもと違う出来事や未経験のことに対して先行きが不安になります。困りごとはたいてい「不安を抱く」という形で表れ、それは周りには大変わかりづらいことです。家では、布団の中でぽつりと言ってくれることがあるのですが、幼稚園などではほとんど口にすることなく、動きが止まって固まったり、友だちの手をしっかりと握りしめる、といった行動で表れたりしています。

◆ **例4**　年中になって間もない頃、もっとも仲の良いお友だちが欠席した日、園庭での自由遊びのとき、もう一人の親しいお友だちの手を握って放そうとしなかった、ということがあったそうです。

> ➡ 担任の先生が気づいて、声かけをしてくださいました。

◆ **例5**　年長の夏に幼稚園で行われる「お泊り保育」を、その1年も前から「行かない」ことに決めています。(現在も)楽しいことをいくら並べてみても、不安が先に立ってしまうようです。

> ➡ 具体的な不安の要因がまだよくわかりません。疑似体験をさせるとか、実際に行われる場所でリハーサルをしてみたいと思っています。(その後、幼稚園の先生の働きかけで参加することができました。p.14 参照)

◆ **例6**　小学校までの道のりを一人で歩いていけるか、その不安を年中の頃からかかえています。

> ➡ 「一緒に練習するから大丈夫だよ」と折に触れて励ますようにしています。現在もその不安はありますが、身近なお友だちが小学校に上がったり、テレビで見る小学生の様子やランドセルのコマーシャルなどに影響を受けて、小学校の好ましいイメージが少しずつ湧いてきています。

手立て◆いつもと違う様子に気づいてやること
- 原因がわかったら、本人の気持ちを汲んで「大丈夫だよ」と声かけをしてください。先の見通しをつけやすいように説明や図解、予告をしてもらうと安心します。
- 自分から不安を口にせず困ります。時間があれば、ゆっくり話を聞いて寄り添ってください。

失敗　一度失敗をすると、そのことがいつまでも残って立ち直りがむずかしい

年少の冬に補助輪付きの自転車に乗り始めましたが、不安定な場所で転んだことがあり、それからまったく乗ろうとしなくなりました。

➡ それから1年以上たった年中の終わり頃、自転車で遊びに来たお友だちとの外遊びの中で自発的に乗るようになりました。それから数日間は幼稚園から帰ると毎日練習に励み、自信をつけてやっとコンプレックスから抜け出せたようです。

変更　がややむずかしい

「今日はこの服を着る」「今日はこれをして遊ぶ」「これを食べる」「このオモチャはここに置く」と何でも自分で決めたがり、それを変更することに抵抗があります。

➡ 変更せざるをえないときは、理由をはっきり伝えて納得させるか、他のことで妥協させたり、いくつか提案して選ばせたりしています。
以前は、変更は癇癪につながることもありましたが、今は「不満」ぐらいのレベルでおさまるようになってきました。

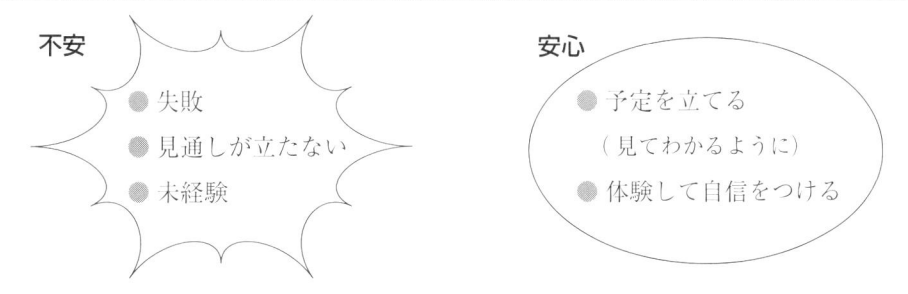

不安
- 失敗
- 見通しが立たない
- 未経験

安心
- 予定を立てる（見てわかるように）
- 体験して自信をつける

ゆいかはよく予定や決まりを自ら立てます。また、年中の頃から「学校ごっこ」や「宿題」と称して、絵日記をつけてみたり、すすんで小学校の予行のようなことをしています。これはゆいかがいろいろなことに不安を抱く中で、知らず知らずのうちに見つけ出した不安に対する方策なのかもしれないと思います。

感覚的なこと

痛み

◆ 例7　ずっと耳掃除を嫌がっていました。極度に痛がっていました。

> ➡ 粘着式のめん棒を使うようになってから、耳垢がとれることが面白くなって、逆にひんぱんに耳掃除をせがむようになりました。しかし、やはり痛がるので、中のほうやあまり長くは触ることができません。

◆ 例8　痛かった経験はよく覚えていますし、たいしたけがでなく血も出ていないのに絆創膏を貼りたがります。絆創膏でずいぶん安心します。まだひどいけがを経験していないので、そうなったときにどういう反応になるのかわかりません。

> ➡ 絆創膏の「お守り」を携帯させています。けがをしたら使うように言っています。

寒暖

「暑い」「寒い」をよく繰り返し言います。
　そのつど洋服の着脱を繰り返すことになります。夜、布団で寝つくまでの間もそんなふうです。自分で調節するようにそのつど教えていますが、幼稚園でそれが自分でできているかどうか、まだよくわかりません。

> ➡ 様子を見て、自分で脱ぎ着するように促していただけると助かります。

音

　音楽を鑑賞したり楽器を演奏するときに、太鼓やシンバルといった打楽器の大きな音を「怖い」と言って嫌がります。しかし、耐えられない、というほどではありません。

> ➡ パニックを起こすということはありませんが、予測がつくと安心して活動に臨めます。「今日は太鼓の音が鳴るよ」など、あらかじめ伝えていただくとよいと思います。

味

味覚は敏感なほうです。「これは塩が入ってるでしょ」と指摘したりします。「苦い」ものは嫌いで、「甘い」ものはおいしいと感じる傾向にあります。

日常生活

トイレ

和式・洋式どちらでもできますが、よそのトイレ、公共のトイレでは一緒にいてやらないと用を足せません。一人で入らなければならない場合は、ドアを閉めるのを嫌がります。家庭や幼稚園では改善されてきていますが、「一人だと不安」「閉所だと不安」ということがあるように思います。

その他

爪噛み

爪をよく噛みます。赤ちゃんのとき以外、手指の爪を切ってやったことがないほどです。注意してもなかなか直りません。あるいは、洋服の袖口や、持ち物のひもの部分を口に入れて濡らしてしまうことがあります。

> ➡ 好ましくないので「しないほうがいいよ」と声をかけつづけていただきたいです。不安をもちやすいことが行動の背後にあると思います。他の行動や手先の作業に転換してやると、爪噛みを自然にしなくなります。

📖 サポートブックに対する母の感想

最初は何を書いてよいかわからなかったけれど、書いたことで子どもの不安がわかりスッキリしました。これからもゆいかの不安に付き合って解決の手伝いをしたいと思います。

資料　知能検査から見たゆいかちゃんの特性

　記憶力がよく、年長でひらがなや文の読み書きができますが、LDの合併があり、字の乱れや模写の苦手さをもっています。WISC-Ⅲ検査※では、以下の特徴を示しました。

　知能は正常域ですが、項目によって落ち込みがあり、能力のアンバランスさをもちます。言語性では知識や単語の評価点は高く、日常生活上でよく知っているものや具体的でイメージしやすいものについては簡単な言葉で説明できました。理解問題では言葉で説明される状況の理解が弱く、解決方法を説明できなかったり、類似問題では部分的な特徴しか言えず、抽象的な思考が苦手であると判定されました。動作性検査の中では、積木・組合せ・迷路問題に極端な落ち込みが見られ、空間認知の苦手さや部分から全体をまとめていく力の弱さが示されました。文字や描画、形の模写の苦手さと相応するLDの面です。

　就学後は、部分的な情報だけで状況を判断したり、自分なりのやり方のみを通そうとして、結果的に間違ってしまったり、どうしていいか混乱することが懸念されるため、活動や課題に際して全体をイメージするための手がかりを前もって言葉で伝えたり、パターン的に練習させるなどの工夫があるとわかりやすいと判定されました。文字や国語の学習ではLDに対する支援も適切に行い、自信をなくさないように配慮する指導がのぞまれます。

（一部のみ掲載）

※ WISC-Ⅲ検査（日本文化科学社）は、知能発達5〜16歳で適用され、知能の状態を個人内差という観点から分析します。言語性検査6項目と動作性検査7項目があり、そのプロフィールを表示します。日常の会話や理解力の様子から知能のアンバランスが疑われ、または、学力上の心配がある場合、項目間プロフィールと群指数の分析（言語理解・知覚統合・注意記憶・処理速度）によって知能の特性を知り、学習支援に活用します。

③ いっぺいくん　小1 情緒学級　自閉症

📁 プロフィール

穏やかでニコニコしており、周りからは一見したところ問題がないのでは？と思われるタイプですが、好きなものへのこだわりや、相手の気持ちのわかりにくさがあり、見かけとのギャップがあります。入学前にも「他にももっと大変な子どもがいますよ」と言われ、子どもの実態が伝わらない様子だったため、サポートブックで伝える必要があると感じました。コミュニケーションの苦手さがあることについても「わりとわかるのでは？」と言われてしまいました。現在、普通学級と支援学級を併用しています。

🍎 こんないいところがあります！

- 優しくて人と関わることが好きです。
- きちんと説明すると理解してくれます。自分のことを理解してもらうという喜びをもつことで素直に言葉を聞き入れてくれることが多いです。
- 小さなことでもできたり、頑張ったことをほめてもらうと、本人はとても意欲をもち努力をしようとします。
- 機械やパソコンの操作方法も飲み込みが早いです。

♥ 友だちとの関わり方

　友だちと遊んでいる最中に、自分から「〜あそびしよう」と言えないために、友だちに気持ちがわかってもらえず、自分勝手に怒ってしまうことがあります。
　優しく接してもらっていることもあり、友だちが自分のペースに合わせてくれていることを

わかっていないようです。

　友だちとのトラブルは、相手の気持ちがわからず、自分の気持ちだけで解釈したり行動する結果、起きるようです。

> 「○○しよう」とプロンプト（手がかりとなる言葉かけ）すると、自分で言えるようです。「相手は○○の気持ちなんだよ」と本人にわかるような言葉で教えてください。理解が進みつつあります。

言葉とコミュニケーション

　日常生活でよく使う単語は理解しています。会話もできますが、「〜が〜している」の「〜が」（主格）を抜いて話すことが多いため、確実に話が通じることが少ないです。「何が（誰が）なの？」と聞き直すと答えてくれます。

　自分に注意を向けたいときは、その人のそばに行って、自分の話を聞いてもらおうとタイミングを見ています。また、何かを要求したいときは、すぐに自分から言わずに大人を頼りにします。園では先生から「どうしたの？」と聞かれてから答えることが多かったです。

　拒否の場合は「できない」「しないもーん」と言って伝えます。やり直しをさせたり、再度頑張らせたいときは、「ここはできたね」「ここはよかったよ」と先にほめてもらうと素直に訂正もでき、やる気を失わずに取り組むことができます。

　ほんとうにもうどうにもならないとき（できないとき）には体が固まってしまいます。ときには足をドンドンと踏み、「いや！」「くやしい」などの表現が出るときもあります。

　否定的な言葉（だめ、ちがう、そうじゃないなど）で注意されるのは苦手です！

> 話を聞いてほしいときは、「大事なお話」と声かけをして、目線を合わせて話をすると、注意が向きます。

お願い
- 否定的な言葉の使用は控えてください。

  「〜だからできないよ」と理由を簡潔に説明したり、「後でね」と説明すると、納得できます。「ちがう!!」「だめ!」などの注意は逆効果です。
- ゆっくり、穏やかな口調でお願いします。
- できるだけ短く（一度に一つのことを）、具体的に話していただけると確実にわかります。
- 写真や絵、文字を使いながら説明や指示を出していただくと、さらにわかりやすく、自立行動がとれます。

スケジュール

聴覚よりも視覚優位なので、目で見てわかる方法が、本人も見通しがもてて安心します。文字の理解も進んでいますので、写真・絵カードに文字を添えてもらうとわかりやすいと思います。

◆言葉の指導で使ってきたスケジュール

○○いっぺい ← なまえカード

1 ワークA
2 ワークB
3 ワークC
4 ワークD
5 あそぶ

指導場面では、課題・遊びを5つ設定して本人と一緒にスケジュールを決めました。「やすむ」のカードは、本人が疲れたときに使用するためのコミュニケーションカードです。

やすむ

おわり　終わったカードはポケットに入れます

好きなこと・苦手なこと

好きな遊び

屋　内
- パソコン
- ビデオ（しまじろうも好きです。今は入学準備用の学習ビデオを「給食のあとは掃除をして〜」とワクワクしながら見ています）
  * 最近、NHK教育テレビで放送されている「おでんくん」も好きになりました。

屋　外
- ボール遊び
- 自転車

苦手な遊び

- ゲーム遊びは好きですが、ルールを理解するのに何度か経験する必要があります（ルールをわかりやすく説明してくれる人も必要です）。
- 縄とび・鉄棒

感　覚

苦手なもの
- ラジオのノイズ
- 大きな音
- 冷たいシャワー
- 濡れた洋服・靴下

お願い

プールのとき、シャワーは頭にかからないように（体は大丈夫です）お願いします。
予備服（靴下）を準備します。学校に置くことと、濡れたらすぐに着替えられるようにお願いします。
苦手なものについては使用を控えて別のもので代用してください。

行動面

　穏やかな性格で目立った行動を起こすことはありません。のんびりマイペースではありますが、競争には負けん気が出ます。体力的に友だちについていけないこともあり、駆けっこなどでは順位が最後になることも多いようです。

　　ゲーム遊びでは、大人に入ってもらって、ルールの理解や動作でできないところを援助してもらうと、助かります。また、事前に「頑張って最後までしようね」と声かけしていただくと、競争で負けたときの気持ちの立て直しがスムーズにできます。

こだわり

　オーディオ、パソコン、照明器具、扇風機など電化製品へのこだわりがあります。必ず、「スイッチをつけていい？」と尋ねてきます。

　カレンダー、天気予報、時計も気になります。

　　スイッチなどを本人が「つけてよいか」と尋ねたときは、「～のときはつけてよいです。～のときはつけられません」と説明してもらい、つけられるときはお手伝いとして本人につけさせてもらえると、スイッチなどへのこだわりと上手に付き合うことができます。カレンダーなどは、必要なときに使用した後は、目線から外れるところに置いて（できれば、隠して）もらうと気にならなくなります。

くせ　指しゃぶり

　集中しているとき、そうでないとき、どちらでもしているようです。

　　できれば周りに気づかれないように（さりげなく）、「指しゃぶりはやめようね」と声をかけてください。

場面の切り替え

　場面の切り替えは、口頭だけで指示するとむずかしいようです。

「次に何をするか」をスケジュールで示すと、上手に切り替えることができます。また、集中しているときや好きな課題を終了するときは、タイマーをセットして「"ピッピッ"と鳴ったらおしまいだよ」と伝えておくと、上手に終了することができます。タイマーをセットして始めるように自分からも要求します。

■ 不安・パニック
〈起こる場面とその状況〉

　友だち数人に注意されたとき、強く否定された（「ダメ！」と言われた）とき、"泣いて泣いて"しばらく興奮してしまったことがあります。

落ち着くための手立て
他の友だちから離し、静かな場所で気持ちを静めて「大丈夫」と声をかけてください。混乱しているときに、みんなになぐさめられたり声をかけられると、よけいにパニックを引き起こしてしまいます。

認知面

■ 理解できていること

- ひらがな、数字の読み：書くことは今、練習中です！
- 人の認識（顔と名前）：顔と名前がつながらないことが多いですが、何度か会っているうちに人の顔と名前は覚えていきます（「あー、○○くんね」のように）。
- 時間・場所：時計は大好きです。デジタル、アナログともにOKです。
- 活動の内容や流れ：何度か経験すると理解できます。

■ まだ理解できていないこと・苦手なこと

- 出来事の記憶：他人の出来事についてはあまり関心がないようです。自分の出来事は、記憶はあるようですが、表現がむずかしいようです。
- 他人の感情：「うれしい」「泣いている」などはっきりしている表情は理解できますが、「悲しい」「困っている」「苦しい」など微妙な表情や感情については理解がむずかしいようです。
- ゲームなどのルール：簡単なものは理解できますが、ゲーム性の高いものはむずかしいです。
- 図形の認識：○、△、□などはっきりしたものはわかりますが、長短などは判別するのに時間がかかります。
- 製作：手先を器用に使うことが苦手です。折り紙などは、意欲はありますが、思うようにできずに諦めてしまうことがあります。

> **お願い**
> 視覚的な補助を用いると理解できることがたくさんあります。文字や絵・写真などを利用してください。

4 じろうくん　　小1 情緒学級　　高機能自閉症

プロフィール

絵やブロック、ピアノが得意な男の子です。言葉が遅れ、こだわりやパニックも強く、養育困難が強いタイプでしたが、通園施設、ついで保育園の支援クラスに入り、園と家庭が連携して常に前向きに支援に取り組んできました。年々、他の子どもと交流する楽しさや社会生活のルールを身につけ、会話や情緒面も成長しました。入学校は遠隔地でしたが、保育園から担当者が出向き、サポートブックも提出して小学校へ引き継ぎをしました。新しい支援者のもとでの成長を願っています。

こんないいところがあります！

- 優しいです。いじわるをするようなことはありませんが、関わり方がわからずに相手を叩いてしまうことがあります。
- 視覚的に優れています！　楽譜をすぐに覚えてピアノを弾くことができたり、見てきた情景を正確に絵に描くことや模写も上手です。
- まじめです。教えてもらったことはしっかり覚えて行動することができます。
- 家事スキルも上達して、身についたことは自発的にやります。身だしなみを整えることもOKです！
- 機械やパソコンの操作方法の理解が早いです。
- 弟に対して「世話をする。優しくしてあげる」という感情も、この1年間でかなり育ちました。

♥ 友だちとの関わり

　基本的に人がたくさんいるところ（とくに子ども）が嫌いなようで、公園で遊んでいても子どもが増えると帰りたがります。
　保育園では、一人遊びをしていても、友だちが何をして遊んでいるかは気になるようでチラチラ見ているそうです。

> **お願い**
> わからずに困った行動をとるときは、「こうしたらいいよ」と教えてください。理解できると、次からそのような行動はとらないと思います。
> 保育園時代と同じように、様子を見ながら大人が上手に介入して、一緒に遊ぶ（楽しく、無理のない程度に）経験が増えていけばうれしいです。

〈保育園での支援〉

（イラスト）
A：Ｊくんが「Ｅちゃん！」と言いながらＥちゃんをバシン!!と叩き、Ｅちゃんが「かなしい いたいよー」と泣く場面
→
B：Ｊくんが「Ｅちゃんさようなら」、Ｅちゃんが「さようなら」と言い、あくしゅをする場面

　降園まぎわに砂場に駆けていって、笑いながらＥちゃんを叩いて泣かせたじろうくん。さようならのあいさつ代わりでした。先生がマンガを描き、Ａはバツ、Ｂはマルと教えました。じろうくんは声をあげて笑い、翌日はＥちゃんに「さようなら」とあいさつし、あくしゅもしました。

言葉とコミュニケーション

　日常生活でよく使う言葉や短い指示は理解しています。
　長い文章での話しかけや疑問詞などを使うと（例：今日ここに誰と来た？）わからないようです。そのとき「わからない」と言えずに何とか答えようとします（オウム返しが多いです）。
　拒否の表現も苦手です。相手にやってほしくない行為があるときに、「△△をしないでください」と言うことができずに、「○○さんは△△きらいです」という表現を使ったりします。
　「～してください」の要求の際に、質問するときのイントネーションで言うことがあります。また、こちらからの質問で「～する？」と語尾を上げた言い方で質問すると、わからないのでオウム返しになります。微妙なイントネーションやニュアンスは、聴覚認知の苦手さがあり、とてもわかりづらいようです。

> **お願い**
> 短く、本人がわかりやすい（具体的な）言葉で話しかけてください。
> 本人に何かを尋ねるときは「～しますか？」とはっきりとした疑問形で言ってもらうと、とてもわかりやすく、スムーズに会話も進むと思います。

　熊本の方言で「片づける」ことを「なおす」と言います。「それ、なおしとって」⇒「それ片づけておいてね」という意味になります。家庭では、なるべく標準語で話をしていたので混乱はないと思いますが、「なおす」の単語での混乱があるかもしれません。

スケジュール

　聴覚よりも視覚優位なので、目で見てわかる方法が本人も見通しがもて安心します。文字の理解も進んでいますので、写真・絵カードに文字を添えてもらうとわかりやすいと思います。

〈スケジュールの紹介〉
　変更や本人からの変更の要求も下記の形式で OK です。

```
1  くるまにのる
2  クリニックへいく
3  ○○せんせいとべんきょう
4  こうえん
5  いえ
```

⇒

```
1  くるまにのる
2  クリニックへいく
3  ○○せんせいとべんきょう
4  ~~こうえん~~  ほんや
5  いえ
```

〈時計を使ったスケジュール〉

時間に幅をもたせるための「〜ごろ」も理解できるようになりました。

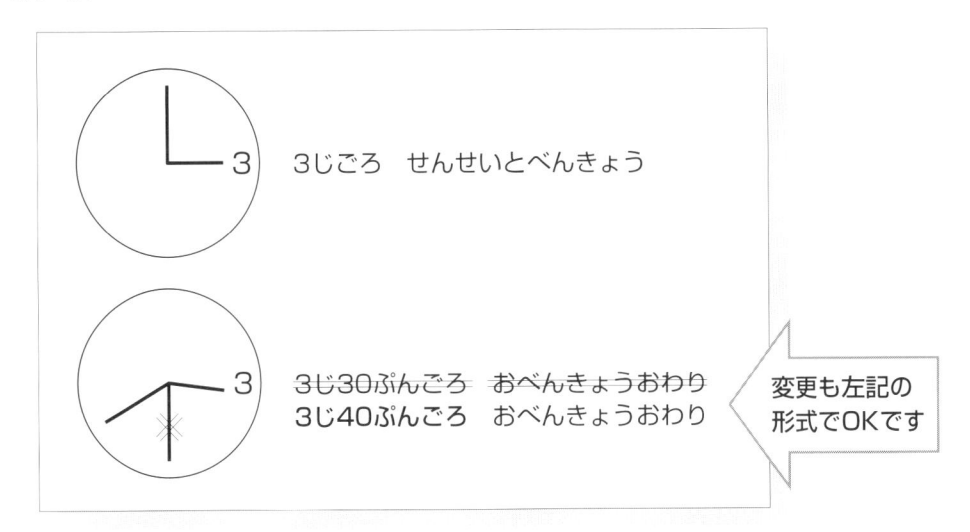

3じごろ　せんせいとべんきょう

3じ30ぷんごろ　おべんきょうおわり
3じ40ぷんごろ　おべんきょうおわり

変更も左記の形式でOKです

■ 自由時間の過ごし方

好きなこと

屋　内
- ピアノ・パソコン・お絵描き
- 他の人（支援者の方）と一緒にやることも一人ですることもどちらともOKです。どちらかというと一人で楽しむほうがよいようです。

屋　外
- 買い物に出かけること

嫌い・苦手なこと

- 虫を飼う
- 恐竜のオモチャで遊ぶ
* 男の子が好んでする遊びは嫌いなものが多いようです。

行動面

とても穏やかな性格で、目立った行動を起こすことはありません。比較的、静かに遊ぶことを好みます。

■ こだわり

エレベーター・トイレにこだわりがあり、周期的にどちらかのこだわりを強く示します（エレベーターやトイレのマークはすぐに目に入ります）。

新しい建物を見ると「エレベーターがついているかな？」と気になり、トイレは洋式か和式か、センサー付きか、を調べたくてすぐに覗きに行きたがります。

> トイレについては最近、「覗いたらだめよ」と注意されると止めるようになりました。
> 本人の調子や状況を見ながら、こだわりについては対応してください。

■ コントロール力

感情のコントロールがうまくできず up down があり、up のときはハイテンションになり、収拾がつかなくなります（とくにうれしいとき、楽しいとき）。また、気に入らないと、ドアを叩いたり、人を押したりすることもあります。

〈場面の切り替え〉

好きなこと（ピアノ、お絵描きなど）に集中しているときは、「時間です。終わりです」と促しても切り替えができず、軽いパニックになることがあります。

> 出かけるときは行動の順番を決めて計画すると安心するようです。また、事前にスケジュールの説明をしておくと、計画の変更があっても、理由を説明すると納得できるようになりました。タイマーの使用も必要です（現在、練習中です）。
> 「ざんねん！ 終わりです」「くやしいね、またできるよ」という言葉で気持ちの切り替えの手助けをしてください（「じろう君の気持ちはわかるよ」と共感の意味も込めて）。

■ 注意力

道を歩いているときや家の中でも、周りをよく見ないので、転んだり、つまずいたり、ぶつかったりすることがあります。

> 道路を横断するときは、非常に危ないので、大人がしっかりついていてください。室内は環境整備をお願いします。

■ 不安・パニック

〈パニックが起こる場面〉

　大好きなお絵描きをしていて終わりの時間になってもまだその絵が完成していないときや、好きなことに集中しているときに、「終わり」を促すと、泣いたり騒いだりします（切り替えがむずかしい）。

> **落ち着くための手立て**
> しばらくの間、静かに様子を見守ります（むやみに声をかけないでください）。最近はパニックの時間が短くなってきて、一人でクールダウン（気持ちを落ち着かせること）して落ち着きます。どうしても落ち着かない・説明が必要な場合は、文字や絵を使って説明すると納得して落ち着きます。

〈不安が高まる場面〉

　テレビの過激な場面（戦争・けんかなど）は怖がってテレビを消していましたが、最近は「じろうは戦いごっこが嫌いです」と言いながら別のことをするようになりました。

> テレビやビデオでそのような場面が出てきたら、消すか、本人が消すことを認めてください。

感　覚

苦手なもの
- 着ている服・靴下などが濡れたり汚れたりすると、とても嫌がります。
- 何かに集中しているときは声かけへの反応がかなり弱くなります。

> **お願い**
> 濡れた場合は「着替えれば大丈夫」の絵カード提示・声かけをお願いします。予備服が必ずあるようにしてください。
> ＊ 感覚入力の特性についてご理解ください。苦手なものについては、使用を控えて、別のもので代用してください。

〈家庭で使った支援〉

プールあそび
くもり　はれ　　あめがふったら
やります　　　やりません

ながぐつは
あめのひだけしかはきません

ひこうきにのったときは…
ゆれても → シートベルトをしていたらだいじょうぶ♪
みみがいたくなっても → あめをたべる／ジュースをのめばだいじょうぶ
ゲロがでそうになったら → かみぶくろのなかにいれます

上の2つの絵は、プールにこだわった頃と、長ぐつにこだわった頃の支援です。

飛行機に乗るとき気持ちが悪くなり、騒いで大変だったため、この絵を使って事前の練習をし、次の機会には落ち着いて対処できました。

日常生活

🍱 食　事　好き嫌いがあります
● 好きなもの：ハンバーグ（本人が一番に答えました！）。
● 嫌いなもの：生野菜（トマト以外）。彩りの悪いもの。硬い肉。

> キャベツ・レタスなどスープ風に煮ると食べられます。硬い肉は歯の噛み合わせが悪くて食べられません（歯科医所見あり）。

〈箸・スプーンの握り方や使い方など〉
お箸は使えますが、どちらかというとスプーン、フォークをすぐに使いたがります。

> お箸で食べられるものはお箸を使うように声かけして促してください。

🍱 衣服の着脱
自分でできます。鏡を見て服装や髪の毛を整えることができるようになりました。

> 自分でできますので、時間がかかることがあっても、手を出さずに待ってください。全身が映る鏡があると直しもスムーズです。

🍱 排せつ
洋式トイレ使用。小用は男子用を使用できます。
　センサー付きのトイレはセンサーが働いて水が流れる音に不安があり、外出先でのトイレは我慢します。ただし、障がい者用トイレは、センサーが付いていないのを知っていて、そこでは使用することができます

> 外出先ではなるべく障がい者用トイレを使用させてください。

認知面

理解できていること
- 視覚的にはっきりしているもの（実物・絵・形・色・文字・場所など）。
- ひらがな、カタカナ、数字の読み書き（ただし形を見て覚えたので書き順が違うものがあります）。
- 人の認識（顔と名前）：名前と顔は一致して覚えるのが早いです。
- 時間・場所：曜日でその日にある園の活動を理解できます。
- 時計はデジタル、アナログともにOKです。
- 活動の内容や流れ：何度か経験すると理解できます。また、スケジュールボードに活動内容を示すと、理解しやすく行動がスムーズにとれます。

まだ理解できていないこと・苦手なこと
- 他の人の出来事（例：以前、友だちがここでけがをして泣いた）の記憶はあるようですが、表現がむずかしいようです。
- 他人の感情：「うれしい」「怒っている」などはっきりしている表情は理解できることが多いですが、「悲しい」「困っている」「苦しい」など微妙な表情や感情については理解がむずかしいようです。
* ルールや約束やそれを守れたかどうかは理解できていますが、楽しくてテンションが上がるとうっかり守れないことがあります。

> **お願い**
> 視覚的な補助を用いると理解できることがたくさんあります。文字や絵・写真などを利用してください。

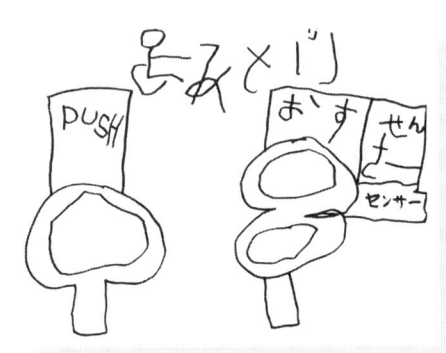

じろうくんの絵

> 資 料

PEP-R検査から見たじろうくんの特性

　入学を前に2年8か月ぶりにPEP-R検査※を行いました。検査は保育園の支援室で行い、担当したのはじろうくんが日頃よい関係を築いている先生です。目的は入学を前にして現在の発達段階を知り、学校へ伝達するためでした。

　発達尺度プロフィールでは模倣・微細運動・粗大運動・目と手の協応の項目は全項目を達成し、本人も自信をもって取り組みました。他方、いくつかの特徴が残りました。まず、知覚の項目でハンドベルとカスタネットを聞いて音のほうを向く課題では反応がまったく見られませんでした。日常生活の中でも何かに集中したり、不安が強い場面では言語指示が入らないことがあり、その場合視覚提示を行っています。言語理解の中の機能カードにおいて、物の使い方を身振りで示す課題が「めばえ」と判定されました。言語表出では絵を見て言葉で表現する項目と複文の復唱などが「めばえ」と判定されました。日常生活では要求の言葉の理解や表出ができるようになっていますが、自分の気持ちや感情を伝えるのがむずかしく、混乱した様子になったり、行動が乱れたり、または「○○、嫌い！」と言って好きなものにあたってしまったりの言動が見られます。要求の言葉を練習するためにリマインダー※※を使って練習してきましたが、今後も有効だと思われます。日常の中で繰り返されるやり取りは理解できますが、まだ理解できないことも多く、そのような場面では言語指示よりも視覚支援（絵や文字、ときにはマンガで活動の流れや内容、要求されることを伝えました）が有用でした。

　行動尺度では、感覚の項目（音への無反応と、粘土の触感に対する過敏さ）が重度・中度と判定され、また、人との関わりと感情の項目で「やり取りを楽しむ」「ほめられることで動機づけられる」の項目が中度と判定されました。3年間でとても伸びたことがわかる結果でしたが、同時に日常生活で見られる苦手さを裏づける結果でした。これらの結果を参考にしていただければ幸いです。

（ここでは要約のみ掲載）

※　PEP-R検査（心理教育診断検査）は、ノース・カロライナ大学TEACCH部が開発した自閉症の診断評価法です。0歳から6歳段階まで、模倣・知覚・微細運動・粗大運動・目と手の協応・言語理解・言語表出の7領域について、子どもの様子を観察しながら評価し、発達尺度と行動尺度（人との関わり、感覚、言葉などの重症度）の2つのプロフィールを作成します。課題をやろうとしたが間違えたり中断したものは「めばえ」と評価し、次の指導目標の参考にします。自閉症の特性を多角的に評価する検査です。

※※リマインダーとは、言葉や行動を思い出すためのメモやカードなどです。ペンがほしいときとっさに言葉で言えず目の前の友だちのものをとってしまうため、「せんせい、ペンをかしてください」「せんせい、紙をとってください」「ありがとうございました」などのリマインダーを使いました。

5 まさきくん　小2情緒学級　自閉症

📁 プロフィール

工作が得意でマンガも上手な男の子です。幼児期から療育を受け、入学時には情緒学級も設置されて個別支援と普通学級での支援を受けています。教室は、入学の年に構造化されて恵まれた環境にあり、その中で会話や認知の力をつけてきました。交流学級で自立的に過ごす時間も増えてきました。

🍎 長所（こんないいところがあります）

- とにかく優しくて、人にいじわるをするようなことはありません。
- 絵を描くのが大好きで、マンガを描いたり、紙芝居を作ったり、模写したりできます。
- 作業の段取りを覚えるのが早く、手先が器用です。
- 機械やパソコンの操作方法も飲み込みが早いです。
- ときどき自分でスケジュールを立てるようになりました（自立へのステップを踏んでいっています！）。

♥ 人との関係

　自分から同年代の子どもと関わることは苦手ですが、子どもの中にいることは嫌いではありません。いつも支援してくれる大人には安心して頼ります。ときどきふざけてわざと指示に従わなかったり、一人で笑いつづけることがあります。

> 「まさきくん、○○だよ」とさりげなく言葉をかけ、必要なことに注意を向ける手伝いをしてください。

言 葉

　日常生活でよく使う言葉や短い指示は理解しています。ただし、長い文章での話しかけや抽象的な表現を使った会話になるとわかりにくいようです。そのとき「わからない」と相手に伝えることができずに、何とか答えようとします。よく使う返答は「なるほど」「ほー、そうか」です。このフレーズが出たら、わからなくて答えてるな……と判断してください。

　話も自分が好きなこと・興味があることは上手に話します。ただ、知っている言葉の数は結構多いのですが、それを**機能的にコミュニケーションの手段として使うことはむずかしい状況です**（それが特徴でもあります）。

　療育の（言語指導）の中では、苦手な説明や気持ちを表現する練習として、具体的な体験や目で見てわかるマンガなどの教材を使って、話し方を指導していただきました。

● 何かに集中しているときは、話しかけても気づかない。

> まさきの視界に入って、正面から話しかけてください。

● 比喩的な表現が理解できない（言葉通りに受け取る）。
　例 ・「悪いことをするとパトカーが来るよ」と言うと、極端に怖がる。
　　 ・「そんなに行きたいなら一人で行けば」と言うと、行けないところでも自分だけで行こうとする。
　　 ・手品で体に剣を刺したり、手足を切り離したりするものを見ると、タネがあるとわからず、とても怖がる。
● 声の調節ができにくい。
● 独り言が多い。

> **お願い**
> ● 話すときは**ゆっくり、穏やかな口調で**お願いします。
> ● **できるだけ短く（一度に一つのことを）、具体的に**話してください。
> 　例 そこらへん片づけて。➡ ブロックを赤いバケツの中に片づけて。
> ● 言葉だけでわかりにくいときは、**写真・絵・文字**を使って伝えてください。
> ● 指示は否定形ではなく、**肯定形で**。
> 　例 走っちゃだめ。➡ 歩きます。
> ● 混乱しているときには、次々と言葉をかけないでください（よけいにわからなくなって、真っ白になってしまいます）。

日常生活

食事　好き嫌いがあります
- 好き：カレーライス、ラーメン、ギョーザ。
- 嫌い：**フワフワしたもの**（豆腐・生クリーム・プリンなど）、ゆでたまご、ピーマン、バニラ味のアイスなど。

> フワフワした食感のものは、無理して食べると吐きそうになります。感覚の特性でもあるので、食べなくてすむように配慮してください。「無理しなくていいよ」と言うと安心します

衣服の着脱
基本的には自分でできますが、**気が散りやすいので**、途中で違うことをやり始めてしまうときがあります。集中しているときはサッと着替えられます。

> まず、周りにある興味を引きそうなものをあらかじめ片づけてください（音もなるべく静かな状態で）。場合によっては、**ついたて**などを使って周囲を見えにくくしてください。着替えがスムーズにいかないときは、制限時間を決めて**タイマー**をかけると、さっと着替えることができます。

まさきくんの絵

スケジュール

　聴覚よりも**視覚優位**なので、目で見てわかる方法が、本人も見通しがもて安心します。文字の理解も進んでいますので、ほとんどの場合**文字カード**だけでOKです。

スケジュールの紹介

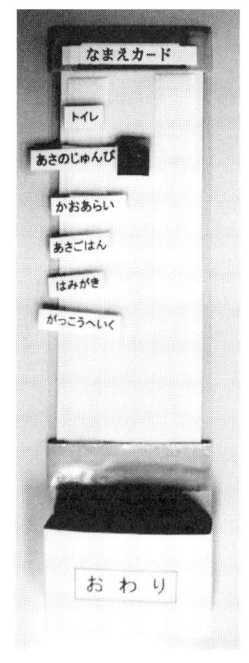

A　家庭で使っています！
　　朝に使うバージョン！

B　スイミングで使っています！

C　療育のときに使います！

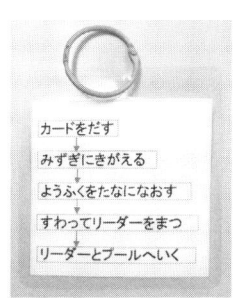

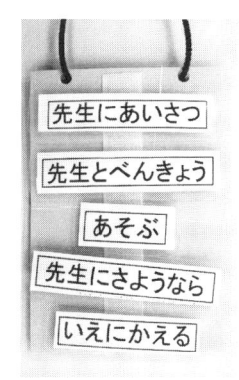

スケジュールについてのお願い

　スケジュールや手順書などの視覚的な手がかりがあると、大人からの援助を受けずに自分で行動がとれます。

　ただ、本人がやりたくない場合でも指示があると「やらなければならない」という思いで必ずやるのですが、やりたくない気持ちもあって混乱してしまいます。指示カードには「やすみたいです」「やめたいです」のカードも必ず入れておいて、本人に使わせてください（最初のうちは指導者が本人の様子を見ながら、それらのカードを使うよう促してください）。

自由時間の過ごし方

好きな遊び
- ゲームをする。
- 絵を描く（好きな本の場面やテレビで見た印象的な場面を模写したりもします。10コマくらいのマンガも描きます）。
- 本を読む。
- 工作（発想がとてもおもしろいです！）。
- レゴブロック（結構上手です！）。

感　覚

苦手なものと対処法
- 工作用の「のり」などベタベタしたもの。（手の触感）

> のりは手につかないスティックタイプのものを使用させてください。

- フワフワした食感のもの。
- 低い楽器の音（合奏になると大丈夫です）。（聴覚）

> なるべく音の聞こえないところへ移動させてください。

- 寒さ（冷たさ）。（皮膚感覚）

> 冷たいものに直接触れないようにしてください（体育館の床は靴下なしでは歩けません）
> ➡ 体育館では座布団をあてて座らせてください。
> 冬は手袋をはめるようにしてください（直接手をつなげない）。

- 服が濡れるのがイヤ。（皮膚触感）

> 服の替えをもたせていますので、着替えさせてください。

その他　知っておいてほしいこと

● 休温調節ができにくい：気温が上がると微熱が出る。とくに初夏。

> 水分補給に気をつけてください。

認知面

理解できていること
● 視覚的にはっきりしているもの（例：実物・絵・形・色・文字・場所など）。
● ひらがな、カタカナ、漢字、足し算、引き算。
● 人の顔と名前（認知）は、何度か会ううちに覚えます。
● 人の表情（感情）についても、だいたいわかります。

まだ理解できていないこと
● 他の人の出来事の記憶（例：以前、友だちがここでけがをした）。
● 時間の理解（例：「あとでね」「もう少し待ってね」など曖昧な表現がわかりにくい）。

> 終了時間や所要時間を教えるには、**タイマー**を使うとわかりやすく、次の行動への切り替えもスムーズです。

● 自分のものと他人のものとの区別がつきにくい：自分の興味のあるものや好きなものだと、他人のものでももってきてしまったり、ほしがって泣いてしまうことがある。

> 自分と他人のものの区別がはっきりわかるように「自分のもの」「他人のもの」「みんなのもの」とわかるような**名前シール**などをつけてください。

● ゲームやスポーツなどのルールが理解しにくい。
● 並んで順番を待つことがむずかしい。

> 「並んで順番を待とうね！」と声をかけてください。

ことば

日常生活でよく使う言葉や短い指示は理解しています。ただし、長い文章での話しかけや抽象的な表現を使った会話になるとわかりにくいようです。その時「わからない。」と相手に伝えることができず、何とか答えようとします。よく使う返答は「ほー．なるほど．．ほー．そうか．．」です。このフレーズが聞かれたら、わからなくて答えてるな･･･と判断してください。

話も自分が好きなこと・興味があることはとても上手に話してくれます。ただ、知っていることばの数は結構多いのですが、それを機能的にコミュニケーションの手段として使うことは難しい状況です。（それが特徴でもあります。）

療育としての言語指導のなかでは、苦手な、説明や気持ちを表現する練習として、具体的な体験や目でみてわかる（漫画など）教材を使って、どのように話せばよいかを指導していただきました。

♪ お願い ♪

* 話すときはゆっくり、穏やかな口調でお願いします。
* できるだけ短く（一度にひとつのことを）、具体的に話してください。
  例：そこらへん片付けて。→ ブロックを赤いバケツの中に片付けて。
* ことばでの指示でわかりにくいときは、写真・絵・文字を使いながら説明や指示を出してください。
* 指示は否定形ではなく、肯定形で。
  例：走っちゃだめ。→ 歩きます。
* 混乱しているときには、次々とことばをかけないでください。
  （余計にわからなくなって、真っ白になってしまいます。）

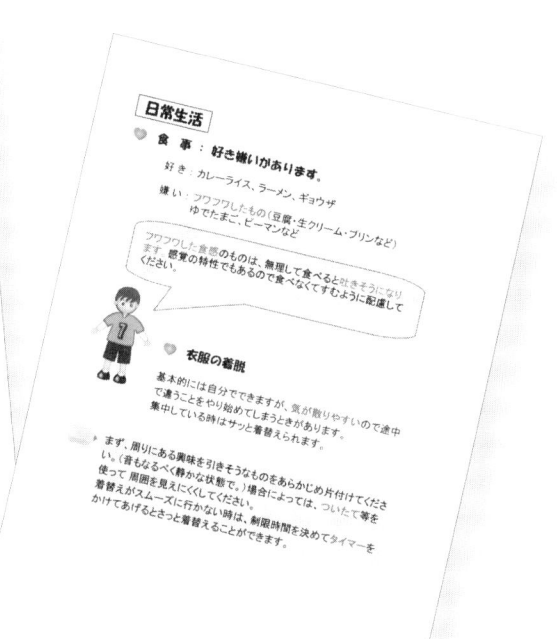

日常生活

♥ **食事：好き嫌いがあります。**

好き：カレーライス、ラーメン、ギョウザ

嫌い：フワフワしたもの（豆腐・生クリーム・プリンなど）ゆでたまご、ピーマンなど

> フワフワした食感のものは、無理して食べると吐きそうになります。感覚の特性でもあるので食べなくてすむように配慮してください。

♥ **衣服の着脱**

基本的には自分でできますが、気が散りやすいので途中でやることをやり始めてしまうときがあります。集中している時はサッと着替えられます。

> まず、周りにある興味を引きそうなものをあらかじめ片付けてください。（音もなるべく静かな状態で。）場合によっては、ついたて等を使って周囲を見えにくくしてください。制限時間を決めてタイマーをかけてあげるとさっと着替えができます。着替えがスムーズに行かない時は、刺激時間を決めてタイマーをかけてあげるとさっと着替えることができます。

まさきくんのサポートブック
オリジナル版

まさきくんの絵

6 あきらくん 小3情緒学級　アスペルガー症候群

プロフィール

アスペルガー症候群でLD・AD/HD合併があります。乳幼児期からさまざまな特性があり、登園拒否も起こり、3歳から保育園で支援（支援室の利用やスケジュール使用）を受けました。入学後は支援態勢が定まらず、登校拒否や情緒不安定が続き、小学3年になってようやく情緒学級ができて、普通学級への参加（交流）もできるようになりました。集団生活は今も苦手ですが、「学校に行くのがボクのお仕事。お母さんは○○のお仕事」といった理解もできるようになり、ずいぶん成長しました。

生育歴

乳幼児期（2歳まで）

〈歩行と言葉の始まり〉

首座り：4か月、一人歩き：11か月、「マンマ」：11か月
「バイバイ」：1歳3か月、指差し：1歳5か月、2語文：1歳7か月（「パパ　ネンネ」）

〈睡　眠〉
- 車のライトやエンジン音に敏感だった。
- 眠っても、ベッドへ移すとすぐに起きてぐずる。
- 就寝時間が遅く、毎日のように夜泣き。

〈行　動〉
- 工事やサイレンなどの音に過敏に反応し、泣く。
- 保育園のバギーが止まるとギャーと言う。
- 室内をぐるぐる走り回る。
- 一時期、玄関の靴を並べる。

〈遊　び〉
● 横に揺れる遊具に乗って勢いよく揺らす。
● 空き缶を上に積み上げる。

幼児期（2歳以降）

〈対　人〉
● 手をつなぐのを嫌がる。
● 「ママは毎日怒ってばかり。僕のこと嫌いなんでしょう？」と言う。
● 相手の表情を理解できず、友だちが笑ったような顔で謝ると怒る。
● スーパーなどで興味のあるコーナーへ一目散に走る。親が心配するからと言い聞かせても、繰り返す。
● 友だちを叩いてしまう。

〈感　覚〉
● 入眠後、部屋の電気やテレビがついていると必ず起きる（光と音に敏感）。
● 偏食。
● タグが触れると嫌がる。
● 窮屈な服や発表会の衣装は着ない。
● 触っただけなのに「叩かれた」と感じる。
● 歯ブラシが「痛い」と嫌がり、市販の歯磨き粉が辛くて磨けない。
● 水が顔にかかるのを嫌い、洗顔ができない。

〈集　団〉
● 3歳児クラスから、毎日登園拒否。
● 活動中じっとしていられず、行事に参加できない。
● 誕生会や避難訓練のとき、耳ふさぎをしたり、狭い隙間や机の下に潜る。

〈行　動〉
● 見えたものをパッと触る、投げる。
● 高い所から飛び降りたり走り回る。
● その場でクルクル回る。
● 本を読み聞かせていても、ウロウロする。
● ビデオのアニメを繰り返し見る。
● 寝る前に必ず桃太郎のお話を要求する。
● 箸などの位置を自分で決めて守り、動かされると怒る。

〈情　緒〉
● アリを異常に怖がる。
● 自分の気持ちが伝わらないと癇癪を起こし泣く。その場にいられない。

- 相手のセリフや行動を指示して、自分の思い通りに再現させる（できなかったら「巻き戻し」と言ってやり直させる）。
- 切り替えが困難、好きな行動は終われない。
- 失敗すると「ぼくは生まれてこなければよかった」と極端になる。

〈言　葉〉
- 「早く」「優しく」「もう少し」などの抽象的な言葉が理解できない。
- 語彙が少ない。聞き間違え、意味の取り違えが多い。

〈生　活〉
- 朝起きれない。
- 休日は絶対お昼寝しない（3歳～）。

♥ 人との関わり

　人との関わりは好きですが、大人の言動によってとても傷つきやすく、「誰も守ってくれない」と言ったり怒ったりがよくあります。自分の感じ方や考えを押し付けることもありますが、自分ではそのおかしさがまだわからないようです。
　わからないことが多くなると、不安や拒否が起こります。何回も言われると混乱し、嫌います。

- 約束したら必ず守る。➡ 守れる約束をする。
- 脅さない。➡ 言葉通りに受け取るので、比喩やたとえ話は効き目がない。
- からかわない。➡ ほほえましくても笑ったりしないで真面目に対応する。「バカにされた」「気持ちをわかってくれない！」と傷つき、意欲が低下する。
- 頑張ったときはいつも評価する（ただし、年齢相応に、さりげなく、しっかり）。
- わからない場面を作らないように環境を整える（スケジュールなど）。

> この項目は先生との新学期の初対面を前に作りました。

📄 初対面では

- 初めての場所や人に対してもニコニコし、人懐っこく接します。
- 不安と緊張のために多弁やふざけになることがよくあります。

> 自分が今何をすればいいのか理解できると安心し、落ち着きます。初対面での適切なコミュニケーションを学んでほしいので、ふざけに対して笑ったりしないで「仲良くしたいから、握手しよう」など**具体的に行動を示し、静かに短く言葉にして**伝えてください。

- 名前や顔をすぐ覚えるのが苦手です。

> 前年度の担任の先生に「○年○組　○○○○先生です」と事前に**ひらがな**で紙に書いて**視覚的**に自己紹介していただいたので、自分で読むことができ、その日に先生の名前を覚えることができました（当日その場で先生の名前を覚えたのは初めてでした）。

- 視覚・聴覚的な刺激に影響を受けやすいので、注意がそれやすくなります。

> 「今からすること・いつまでするのか・終わったらどうするのか」を、最初に明確にしておくと、集中しやすいようです。
> 約束を守れそうにないときは、約束のほうを変更していただき、約束を守る経験ができるようにご配慮ください。

- 会話のキャッチボールが苦手です。

> わからないときは、返事をせず黙っていたり、話が突然飛んだりします。
> 聞き間違いが多いので、絵や文字を見たほうが、より正確に伝わるようです。
> 会話だけのやり取りよりも、一緒にゲームしたり走ったりして体を動かすことや圧迫される感触（ギューっと抱きしめられたり押しつぶされる感覚）が好きです。

言葉とコミュニケーション

　日常生活でよく使う言葉や短い指示は理解しています。ただし、長い文章での話しかけや抽象的な表現・疑問詞などを使った会話になるとわからないようです（例：今日、ここに誰と来た？など）。そのとき「わからない」と相手に言葉で伝えることができないときは、聞こえないふりをするか、関係のない別の話を一方的に始めます。

> 間が空いたり話が突然飛んだりしたら、「理解してない」または「理解したくないときだ」……と判断してください。

　自分が好きなこと、興味があることはとても上手に話してくれます。
　ただし、自分がもっている言葉の数とその言葉を機能的に使うことができるかについては大きな差があり、言葉が機能的に（コミュニケーション手段として）使われていない状況です。
　使っている言葉が理解できているかというとそうでもなく、テレビのセリフをコピーして貼り付けただけだったりします。

> 家庭や保育園では、実際に転んだとき「どんな気持ちか」を大人が言葉で代弁したり、マンガなどの絵を使って（コミック会話）、この状況では「どんな気持ちか」「どう言えばいいか」「どうすればよかったか」などを学習してきました。

> **お願い**
> - 話すときはゆっくり、穏やかな口調でお願いします。
> - できるだけ短く（一文に一つのことを）、具体的に話してください。
> - できれば、写真や絵、文字を使いながら説明や指示を出してください。
> - 混乱しているときには、やたらと声をかけないでください（よけいにわからなくなってパニックになります）。

■ コミュニケーションのとり方

- 自分ルールを作ってしまう※。
- 相手の気持ちや行動が自分の予想と違うとき、泣き叫んだり、座り込んで足で蹴ったり、「いらつく！」と言ったりする（パニック）。

※お菓子を分けてあげると、そのつどお礼を言うように強要する。一度出かけた場所でとった行動を、次回も同じようにしたがる。

- 自分以外の人が自分と違う気持ちや考えをもっていることを絵や文字で教える。
- 興奮時には話しかけない。静かな場所へ移動させ、落ち着くまで待つ。状況を説明し、できることを2、3提示し、本人に選ばせる。
- 水や氷を口に含むことを提案してみる。

イマジネーションの苦手さ

〈見通しが苦手〉

- 言葉から実際の活動を想像できない[※]。
- 予定がわからないと不安[※※]。
- 言葉通りに真に受けてしまう。

- 以前経験した活動でも毎回（毎年）、写真や文字で視覚的に説明する。
- 視覚的スケジュールを使う。
- おどしたりからかったりしない。

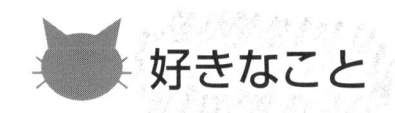

好きなこと

屋　内	屋　外
● ビデオを観る・本読み ● パソコンゲーム（クリックのみ）・DS ● 迷路・パズル・工作 ● ブロックや変形ロボットの組立て ● バランスボール ● 回転イスに腹ばいに乗ってクルクル回る	● 友だちと校庭で遊ぶ ● サッカー・野球・バドミントン ● 映画館で映画を観る ● びっくりドンキーやマックへ行く ● 温泉に行く

※　「お見知り遠足」と聞いただけでは意味がわからず、昨年参加したときの写真を見せると「あー、あそこね」と通じた。
※※　「避難訓練」と言われて理解できずに、「学校に行かない」と言う。紙に訓練の流れを書いて示したら何があるかを理解し、登校し参加できた。

◆ マイブーム
① ニンテンドーDS（携帯型ゲーム機）
② ブルーベリーアイのCM
③ マグロのにぎり鮨

◆ 今のくせ・こだわり（暇だとやっちゃいます！）
① 下着をしわがないようにズボンの中に入れる（ときどき収拾がつかなくなり、小パニックになります）。
② 歯で爪を噛む。
③ トイレでの唾吐き。

感　覚

- 触られることに敏感（叩かれた！と勘違いする）。
- 暑さに鈍感（自分で気づかない）、暑そうなのに服を脱がない。
- 大きな声・怒鳴り声・赤ちゃんの泣き声は苦手で耳ふさぎする。
- 物や空間を横目で見る。

- いきなり体を触らず、本人の目の前に来て話す。
- ポンと軽く触らず、少し圧迫するように触る。
- 汗拭きの声をかける（着替えは嫌がります）。
- 静かな休憩スペースを確保する。
- 「今から音がするよ」と予告する。
- 正しい姿勢の絵・写真・文字カードを作り、本人が忘れているときに見せる。

あきらくんの書いた字

行動面

行動の特徴

お調子者で、話にも面白そうなものにもパッと飛びつく性格ですが、悪意はありません。人と関わりたいという思いは強いのですが、一方的で言葉のキャッチボールが苦手なので会話が続かず、仲間遊びがむずかしかったり、トラブルになったりします。また、周りの影響を受けやすく、他の人が落ち着かずウロウロしていたりふざけていると、すぐに真似をして自分も同じような行動をとってしまいます。

じっと座りつづけることは苦手で、体を動かしたりします。

- 影響を受けやすい子がなるべく目に入らないような位置に座らせてください。
- 本人の目につくところに指示書（「すわる」など）を置くようにしてください。
- じっとして何かをやることはどうしても苦手なので、ある程度は認めてください。

注意力

自分の興味があるもの・好きなことをしているときは、注意・集中ともに良好です。また、周りの音や景色を調節（少なく）すると、とても集中できます。反対に、テレビがついていたり、好きなもの（オモチャ・本など）が近くにあると、注意を向けることができません。

- 本人の注意がそれる前に、周りの音や景色を調節（少なく）してください。

行動のコントロール

場面の切り替えは、口頭だけの指示ではむずかしいですが、「その動作が終わったら次に何をするか」をスケジュールで示すと、上手に切り替えることができます。

- 大好きなことをやめるときや大嫌いなことを我慢しなくてはならないときも、それができれば次に大好きなことができることをスケジュールで示してください。
- また、我慢できたとき、大嫌いなことができたときには必ずほめてください。または、「できたね」と事実を認めてください（ただし、さりげなく年齢相当に！）。本人の自信につながります。

📓 多動・衝動性

外出するときは……

- 目に入ったものをぱっと触る。
- じっとしていられない。
- ふざける。
- 集中時間が短い。

- 大事なことがあるときは、必ず事前に約束事を話し合う。
- 興味を引きそうなものは初めから見えないようにしておく。
- 動く前に制止して、今すべきことを言う。
- 不適応行動は無視する。
- 「△△したらダメ」「□□はちがう」ではなく ➡ 「○○しましょう」という言い方にする。
- 活動を短時間に区切る。

📓 行　事

行事（遠足や参観日）などでは、とくに興奮が予想されます。

事前にあきらと、約束やスケジュールの確認をするとスムーズに参加できます。
当日もスケジュールをポケットに入れておくと、自分で確認ができるので、より安心するようです。

あきらくんの絵

生活面

食事の面

- 偏食が強いです。1年生では弁当にしました。給食の献立に嫌いなものや知らないものがあると、学校を休んだからです。
- おやつも同じです。おなかがすいても食べません。
- 家庭で一緒に料理したり、情緒通級学級でもおやつ作りをしました。お陰様で食べるものがだいぶ増えました。

〈食べられるもの〉

ご 飯 系：すし・うどん・たこ焼き・ラーメン・おにぎり・カレーライス・スパゲッティ・ふりかけ・食パン（みみなし）（いずれも1〜3種のみ）

おかず系：焼き肉・ギョーザ・ハンバーグ（野菜はみじん切り）・から揚げ・刺身・馬刺し・冷奴・ソーセージ（特定品）・麻婆豆腐（特定品）

野 菜 系：火を通した細切り玉ねぎ・小さく切ってカレーに入れた人参・じゃがいも

おやつ系：グミ・こんにゃくゼリー・せんべい・ポテトチップス・あめ・プリン・ソフトクリーム・するめ（いずれも特定メーカー）

果 物 系：酸っぱくなく甘い果物（りんご・なし・みかん・ケーキについたイチゴ）

飲み物系：お茶・野菜ジュース・100％ジュース（いずれも特定品）・牛乳・スポーツ飲料・リアルゴールド

そ の 他：味ポン・マヨネーズ・ケチャップ

〈食べられないもの〉

食べられるもの以外

- 「好きなものだけでいいよ」「残してもいいよ」と言われると安心します。
- じゃがいも・人参も小さく切ってカレーに入れると食べられます。
- 「1個だけ食べよう」と言われて食べたのに、「もう1個」と言われると、次には食べるのを拒否します。「どうせもう1個と言うから」と言います。

認知面

〈理解できていること〉
- 視覚的にハッキリしているもの（実物・写真・絵・形・色・文字・場所など）。
- ひらがな、カタカナ、数字の読み書き（書き順は覚えてないです）。
- かけ算の九九（興味をもちはじめたところです）。
- 人の顔は、興味が向くと覚えます（名前と一致させるのは時間がかかります）。
- 人の表情（感情）は、大きな声を聞いたり笑わない顔を見ると「怒っているの？」と確認します。

〈理解できていないこと・苦手なこと〉
- 他の人の気持ち・したこと。
- 時間内で計画的に行動すること。
- 聞いたことを覚えていること。
- 「ぼくにはむずかしい」「わからない」「やっぱりやめたい」「手伝ってほしい」「ぼくが間違っている」と自分の気持ちにすぐ気づけない。気づいたとしても、言葉で伝えることができない。

読み書き（LDの面）
- 読むのも書くのも苦手。
- たくさん書いてあると見ただけで拒否する。
- 聞き間違いが多い。

- 書字に時間がかかるので、ゆっくり待つ。
- 拒否のときは量を減らすか、別の課題を選ばせる。
- ノートの横に手本を提示する。
- 教材・宿題は量や大きさを工夫する。
- 聞き間違いには正しい答えを書いて見せる。

　　　　　　　　拡大コピーを使用

授業では

LDがあり苦手なことが多いので、自尊心や自己肯定感を損なわないように、ご配慮をお願いいたします。

● イスに座り、集中できる持続時間は **20分**ほどです（お陰様で去年より10分も長くなりました）。

> あきらが授業に参加するためには、学習の前に頑張らなければならないことがたくさんあります。
> イスに座っていること・姿勢を正しく保つこと・黙っていること・前を見ること・先生の話を聞くことなどです。
> これらは、あきらの特性により、意識を集中して頑張らないとできないくらい苦手なことです。
> 苦手なことがたくさんあると、集中できなくなります。
> 努力に対して先生がシールなどで**結果を認めてくだされば、また頑張れる**ようです（家庭でも頑張りシールをこれまでも現在も使っています。p.115を参照してください）。

● 気持ちも行動もコントロールできるようになってきましたが、好きなことをしているときはとくに、次の活動に移れないときがあります。

> 時間や次の活動を文字に**書いて予告する**と、切り替えられることがあります。
> **2択**だとわかりやすいようです。

● 言われたことをすぐ忘れます。

> 何をするかの約束事（静かに・座る・聞く・書く）は見て思い出せるように、絵や文字で示しておくと、自分で気づくことができます。

病院に行くときの支援

おやくそく──びょういんに行くとき

① びょういんはしずかにするところです。

② まつときはイスにすわります。

③ 先生とは **3** の大きさ（あきらのこえ）で、はなします※。

④ 大人がはなしているときは、きくようにします。

⑤ お母さんは先生とお話しします。あきらはお姉さんとワークをします。

⑥ ワークがわからないときは、次にとばしてもだいじょうぶです。

⑦ 前にきたときはイライラしてもおこりませんでした。すごくせいちょうしたと思います。今日もおこらないようにしてみます。

⑧ ワークがおわったら、「さようなら」（つぎの人とこうたいできたらうれしいです）。

⑨ ブラインドは見るだけにしてみます。

あきらは人から強い口調で言われると「もっと優しく言ってくれればいいのに……」と言葉で訴えるようになりました。言葉の意味以上に、相手の怒りの感情が強くひびいて心が萎縮するようです。でも、こんな気持ちを言葉で表してくれるようになって、家族にも本人の気持ちがよくわかるようになりました。そのために「ソーシャルストーリー」の本を参考にして、禁止言葉にならないように気をつけています※※。

※ 5段階の声の大きさの図を教室で使っています。
※※「ソーシャルストーリー」は、自閉症スペクトラムの子どもや大人のために、社会的な考え方・人とのつきあい方・出来事をわかりやすくていねいに説明する方法です。自閉症の人のものの見方や考え方を十分考慮して、わかりやすい短いストーリーの形で、社会的スキルやトラブルになりそうな場面について必要な情報を提供します。一人ひとりのニーズ、興味、能力に応じて文章を作り、それらは一人称で、肯定的な言葉で書くように、文字通り正確に、必要な場合はイラストなどの視覚的支援をつけ加えること、動機付けしやすいような内容であること、くつろいだ態度で読むことができるようになど、明確なガイドラインが示されています。参考図書を巻末にあげました。

■ 受診用カード

初めての病院で医師用に使っています。忙しい外来でも最小限わかってほしいことを短く伝えるためのカードです。最初はB5判で作りましたが、読みにくいようだったのでパッと一目で見られる（写真用）L判サイズにしてラミネート加工しました。障がい名や特性を知らない人でもわかりやすいように、簡単な単語で短くしてあります。

○○　あきら　7歳です。

自閉症で多動です。（本人は知りません）※

☆ パッと機器を触ります。

　本人が触る前に止めて、静かに「座ります」と言ってください。

☆ するべきことを具体的に短く言ってください。

☆ 器具を使うときは一度見せてください。

☆ 本人が「待って」と言ったときは、できる範囲で待ってください。

☆ 本人が納得しないときは、次回に延期してください。

■ サポートブックを作ってみて　母の感想

- わが子を客観的に評価し、文章化するのが困難だった。
- 子どもがどこまで理解して、どこで困っているかの現状を把握することが大事だと思った。
- わが子へのコミュニケーション手段を模索する作業と重なる。
- 差し替えたり、更新したりする際に1項目ごとに1ページだと簡単かなと思った。
- 簡単な単語を使い、短い文章にした。
- 書いているうちに書きたいことが増えて結構な量になってしまった。

※本人の特性として、知っている単語を（意味はわからなくても）人や場所に関係なく得意げに話すので、あえて自閉症の単語は言わずにサポートブックで伝えるようにしています。

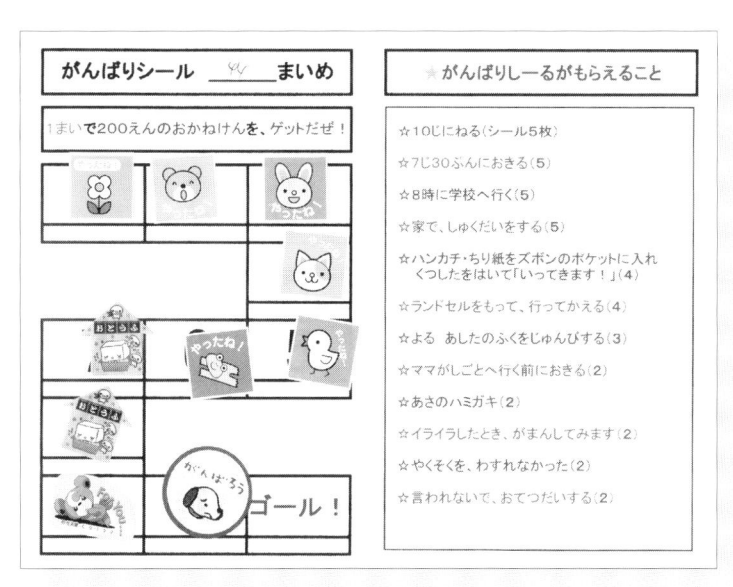

あきらくんの頑張りシール

あきらくんのサポートブックオリジナル版

7 りょうくん　小6 特別支援学校　自閉症

プロフィール

幼児期は言葉が遅れ、多動や癇癪・パニックが強く、家庭養育の苦労が続きました。支援学校に入り、認知面の力をつけ、パソコンが上手になり、今ではゲームやパソコンで一人で過ごせるようになり、「ずいぶん楽になりました」と家族が言われます。単語で自分の要求を何とか伝え、大人からの言葉かけも、習得したパターンであれば伝わります。支援学校に在籍しているため、おおよそのことは先生たちに理解してもらっているという事情から、サポートブックの内容は指導のポイントに限って作ってあります。成長に合わせて毎年少しずつ作りかえてきました。宿泊の機会もあり、はがきサイズにしています。

☆パニックの様子

大声やつねりあり

①自分の思い通りにいかないとき！
②お腹がすいている時に食べることを我慢させられているとき！
③眠い時や疲れがたまっているとき！

☆パニックの時の対処法

●つねり等の行動に対しては、「しないで！」としっかり注意してください。第3者の方が入った方がいい場合があります。
●誰かがそばにいてくれると安心します。
●5分位で落ち着くと思うので、そのころを見計らってビデオやぬりえ等りょうが好きな遊びを誘ってみてください。

りょうくんの
サポートブックオリジナル版
（はがきサイズ）

🚌 コミュニケーションのとり方

- 「りょう語」があります。"マル（○）"とか"バツ（×）"とかは肯定のときや拒否のときに使います。「プール○」はプールに行きたい、「……×」はしたくないとき、「おりる」「いらない」は自分がしていることに対して手を出してほしくないときや今していることをやめたいときに使っています。
- **理解力** 言葉のやり取りである程度理解できます。

> 写真、絵、具体物やメモによる文字でのやり取りのほうがより理解しやすいようです。

- ひらがな、カタカナ、数字はほとんど読めます。
- 見通しや予告があると安心できるようです。スケジュールチェックをしながらするのもいいと思います。新しい活動のときは、できるだけメモや写真など視覚的に予告があると助かります。

♥ 人との関わり・集団

- 人と上手に関わることは基本的に苦手です。集団でする行動の際はその中で自分の行動を見つけて過ごします。
- 性格は甘えん坊のところがあって、手をつないでくることがあります。そんなときは不安なときでもあり、「大丈夫よ！」と声かけして好きな遊びに誘ってください。
- 相手によってつねるなどのちょっかいを出し、反応を見てつねりを繰り返します。何かで不満なときや嫌なことがあると、他の先生のところに逃げたりもします。

行　動

■ つば吐き・つねりなどのくせ
　好きな本をもって行動していると安心できるようです。
　たまにつば吐きがありますが、相手の様子を試す行動のようです。本人は相手に関わりをもちたくてちょっかいを出しているのですが、つば吐きに対しては「しないで！」と注意してください。自分の思うようにいかなかったり、ストレスがたまっているときに支援者の腕をつねることがあります。このような行動をしたときも「しないで！」としっかり伝えてください。

■ 初めての場所・公共の場所での注意
　初めてのところでは、必ず確認して回ります。ひと通り確認すると安心して落ち着きます。そして自分の居場所を見つけるようです。トイレは一人でできますが、公共のトイレでは、具合が悪くなったときの緊急ボタンを押すことがあり要注意です。スーパーなどで、行きたいところ（本屋さん・オモチャ屋さん）があると、ストップが効かずに突っ走ってしまいます。「いっしょに行くよ」といつも声かけしてください。行きたい要求が強い場合は「帰りにお母さんに頼んでみようね」と言ってみてください。

好きな遊び、余暇の過ごし方

■ 屋外で好きな遊び
- 水遊び、水泳、スケート、ブランコ、砂遊び。
- バスや乗り物に乗って出かけること。

■ 屋内で好きな遊び
- 機関車トーマスのぬり絵、ケロロ軍曹のぬり絵。
- ビデオを観たり、ゲーム・パソコンをする。
- 乗り物の本を眺めているのが大好き！
- 自分でフライドポテト・ホットケーキなどを作るのも大好きです。

■ 嫌いな遊び
- じっとして話を聞くのが苦手。
- 集団ゲームも苦手、リレー形式はOKです！

パニックの様子

〈こんなときです〉
① 自分の思い通りにいかないとき！
② お腹がすいているのに食べることを我慢させられているとき！
③ 眠いときや疲れがたまっているとき！

大声や
つねりあり

🎒 パニック時の対処法
- つねりなどの行動に対しては、「しないで！」としっかり注意してください。第三者が入ったほうがいい場合があります。
- 誰かがそばにいてくれると安心します。
- 5分くらいで落ち着くと思うので、そのころを見計らってビデオやぬり絵など、りょうが好きな遊びに誘ってみてください。

りょうくんの絵

生活面

■ 食事について
- 好きなもの（外食時によく食べるもの）：ラーメン・うどん・ごはん、魚料理・フライドポテト・カレーライス、お茶・コーラ（飲み物）。
- 嫌いなもの：野菜・果物。

■ 食事のときの注意点
- 野菜などの偏食があります。
- 右手で箸を握って食べていても、左手で嫌いなものをよけて手で食べていることがあります。「お箸で！」と声かけしてください。
- ご飯を食べているときに「かけ」とよく言ってきますが、お茶漬けの要求です。「今はないよ！」と教えてください。
- 魚が大好きで、人の分をほしがるときもありますが、自分のものでないことを教えてください！

■ 着替えについて
着る物を準備してあげる必要はありますが、一人で着脱はできます。前後がわからないときは、「こっち？」と確認をしに来ます。見てあげてください。前後が間違っているときは、「前と後ろが反対よ！」と声かけして、自分でやり直しができるように支援してください。

■ 洗　面
歯磨きは、手順書を見ながら、一人でできますが、「仕上げをお願いします」と伝えてきます。磨き残しも多いので、仕上げをお願いします。顔洗いも、声かけしていただくと、一人でできます。

■ トイレ
ある程度自立していますが、便をするときにうまく踏ん張れずに便座の上に座って出しています。「降りるよ」と声かけしてください。ペーパーの使い過ぎも注意してください。水の流れる音を嫌がって、水を流さないときがあります。トイレを出るときにパンツとズボンもはいて出るように声かけしてください。

以下の項目は
🧳 **宿泊のキャンプ用**です

〈おふろについて〉
　一人で入ると泡だらけになって、水遊びになってしまいます。
　体洗いも洗髪も声かけするとある程度一人でできますが、十分にはできないので手伝ってください。上がった後の体ふきも十分にはふけません！　手伝ってください。

〈寝るとき・起こすときの様子〉
　寝るとき、部屋の電気を消してしまうと怖いようで、「電気つけて」と伝えてきます。寝るときに不安があるときは手をつないできます。「寝るよ！」と声かけして手を握ってあげると、落ち着いて寝てくれます。朝起こすときは、「ご飯よ！」と声かけすると起きてきます。

✿ その他

- アレルギー性鼻炎があり、くしゃみ・鼻水がよく出ています。朝晩にアレルギーを抑える薬を飲ませています。最近ではあまり出ませんが、喘息の持病があります。発作が出たときには、吸入をしています。
- 睡魔が襲っているときなどによくケラケラ笑いをしたり、歯の治療などでパニックを起こしたときに呼吸が乱れて喘息が起こることもあります。そのときは、静かに落ち着かせることが一番ですが、気管支拡張剤を飲ませるか吸入をするしかないようです。そのような場合は連絡してください。
- お金の理解はむずかしいようですが、自動販売機での買い物はOKです！
- 時計も学習中で、アナログの長針の理解ができます。アナログで「10のところまで○○しようね」と伝えるか、またはデジタルで「○○：○○で交代しよう」とメモを書いておくのもOKです！

おわりに

　この本の第Ⅲ章は、前田直子さん、高宮由香さん、橋本陽子さん、田中由香さん、井芹智子さん、上田真弓さん、田崎なおみさん、園田尚子さんが家族として作成に携わりました。他の家族への参考のために掲載を快諾され、本書の出版にご協力いただいたことに心から感謝いたします。また、養育や家事・仕事などで多忙の中、悩みながらサポートブック作りに取り組まれた努力に敬意を表します。それぞれのオリジナルは掲載分よりも紙数が多く、イラストもついて個性あふれるサポートブックでしたが、掲載にあたり、個人情報保護への配慮および全体を通してのまとめの都合から、変更や追加などの修正を加えました。

　子どもたちを担当された（または担当中の）保育士や教師の方たちは、支援のための真摯な努力をされ、その成果がこのサポートブックの中にいくつも含まれています。この場を借りて厚くお礼を申し上げます。

　支援者の感想（資料2）を寄せてくださった4名の教師の方たちへも感謝申し上げます。お陰様でサポートブックを作る意義が外部から補強されました。

　久留米市幼児教育研究所で実施されたアンケート調査の掲載をお許しくださった同センター所長末安弘喜先生のご好意・ご高配に深く感謝申し上げます。クリニックのスタッフ高橋知枝さんには、資料の整理・入力などに尽力してもらいました。出版にあたりお世話いただいた明石書店の大江道雅さん、神谷万喜子さんにもお礼を申し上げます。

　その他、お名前をあげることはできませんが、医療の場に寄せられる家族の方たちの多数の「声」「悩み」「思い」がこの本の出版を後押ししました。本書が他の家族の方々への励ましとなることが何よりの願いです。

2008年1月7日

服部陵子

参考図書

- 丸岡玲子『サポートブックの作り方・使い方——障害支援のスグレもの』おめめどう（自閉症サポート企画）、2005年

- 米国精神医学会編（高橋三郎・大野裕・染矢俊幸訳）『DSM-IV-TR　精神疾患の診断・統計マニュアル　新訂版』医学書院、2004年

- 内山登紀夫・水野薫・吉田友子編『高機能自閉症・アスペルガー症候群入門——正しい理解と対応のために』中央法規出版、2002年

- ジェニファー・L・サブナー、ブレンダ・スミス・マイルズ（門眞一郎訳）『家庭と地域でできる自閉症とアスペルガー症候群の子どもへの視覚的支援』明石書店、2006年

- キャロル・グレイ（門眞一郎訳）『コミック会話　自閉症など発達障害のある子どものためのコミュニケーション支援法』明石書店、2005年

- キャロル・グレイ編著（服巻智子監訳、大阪自閉症研究会編訳）『ソーシャル・ストーリー・ブック——書き方と文例』クリエイツかもがわ、2005年

- キャロル・グレイ（服巻智子訳・解説）『お母さんと先生が書く　ソーシャルストーリー™——新しい判定基準とガイドライン』クリエイツかもがわ、2006年

- ノースカロライナ大学医学部精神科TEACCH部編（服巻繁訳）『見える形でわかりやすく——TEACCHにおける視覚的構造化と自立課題』エンパワメント研究所、2004年

- 内山登紀夫（ローナ・ウィング監修）『アスペルガー症候群を知っていますか？（ウェブ版）』日本自閉症協会東京都支部、2002年（http://www.autism.jp/asp）

- 日本自閉症協会編『自閉症ガイドブック　シリーズ1 乳幼児編：2 学齢期編：3 思春期編：4 成人期編』日本自閉症協会、2001～2006年

- 朝日新聞厚生文化事業団編『自閉症の人たちを支援するということ——TEACCHプログラム新世紀へ』朝日新聞厚生文化事業団、2001年

- 久留米市幼児教育研究所『幼研・研究紀要第38集　平成17年度療育研修』

- 久留米市幼児教育研究所『幼研・研究紀要第40集　平成18年度療育研修』

【編著者】

服部 陵子（はっとり・りょうこ）

熊本大学医学部卒業。精神科医。はっとり心療クリニック院長。日本児童青年精神医学会認定医。日本精神神経学会専門医。現在、幼児期から成人期の発達障害診療および精神科診療に従事。その他の著書に、『Q＆A　家族のための自閉症ガイドブック――専門医による診断・特性理解・支援の相談室』（明石書店、2011年）、『自閉症スペクトラム　家族が語るわが子の成長と生きづらさ――診断と支援にどう向き合うか』（明石書店、2017年）。

● はっとり心療クリニック：〒862-0950　熊本市水前寺1丁目21-30　メイフェア水前寺2F

宮崎 清美（みやざき・きよみ　現姓 西坂）

熊本大学大学院教育学研究科修士課程修了。言語聴覚士。久留米市幼児教育研究所ことばの教室およびはっとり心療クリニックで自閉症や言語発達障害の子どもの言語指導に従事。サポートブックを通した支援も手がけている。

家族が作る　自閉症サポートブック
― わが子の個性を学校や保育園に伝えるために ―

2008年　4月　1日　初版第1刷発行
2018年　5月25日　初版第4刷発行

編著者　　服 部 陵 子
　　　　　宮 崎 清 美

発行者　　大 江 道 雅

発行所　　株式会社 明石書店
　　　　　〒101-0021
　　　　　東京都千代田区外神田 6-9-5
　　　　　電話　03-5818-1171
　　　　　FAX　03-5818-1174
　　　　　振替　00100-7-24505
　　　　　http://www.akashi.co.jp/

組　版　　明石書店デザイン室
印　刷　　株式会社 文化カラー印刷
製　本　　協栄製本 株式会社

（定価はカバーに表示してあります）
ISBN978-4-7503-2767-9

JCOPY〈(社)出版者著作権管理機構　委託出版物〉
本書の無断複写は著作権法上での例外を除き禁じられています。複写される場合は、そのつど事前に、(社)出版者著作権管理機構（電話 03-3513-6969、FAX 03-3513-6979、e-mail: info@jcopy.or.jp）の許諾を得てください。

自閉症スペクトラム 家族が語るわが子の成長と生きづらさ
診断と支援にどう向き合うか
服部陵子
●2000円

Q&A 家族のための自閉症ガイドブック
専門医による診断・特性理解・支援の相談室
服部陵子
●2000円

コミック会話
自閉症など発達障害のある子どものためのコミュニケーション支援法
キャロル・グレイ著 門眞一郎訳
●800円

家庭と地域でできる 自閉症とアスペルガー症候群の子どもへの視覚的支援
ジェニファー・L・サブナー、ブレンダ・スミス・マイルズ著 門眞一郎訳
●1200円

写真で教えるソーシャル・スキル・アルバム
自閉症のある子どもに教えるコミュニケーション・遊び・感情表現
ジェド・ベイカー著 門眞一郎、禮子・カースルズ訳
●2000円

アスペルガー症候群の人の就労・職場定着ガイドブック
適切なニーズアセスメントによるコーチング
バーバラ・ビソネット著 梅永雄二監修 石川ミカ訳
●2200円

仕事がしたい！ 発達障害がある人の就労相談
梅永雄二編著
●1800円

アスペルガー症候群・高機能自閉症の人のハローワーク
能力を伸ばし最適の仕事を見つけるための職業ガイダンス
テンプル・グランディン、ケイト・ダフィー著 梅永雄二監修 柳沢圭子訳
●1800円

LD・ADHD・高機能自閉症のある子の友だちづくり
ソーシャルスキルを育む教育・生活サポートガイド
リチャード・ラヴォイ著 竹田契一監修 門脇陽子訳
●2600円

自閉症スペクトラム障害のある人が才能をいかすための人間関係10のルール
テンプル・グランディン、ショーン・バロン著 門脇陽子訳
●2800円

イマ イキテル 自閉症兄弟の物語
増田幸弘
●1600円

自閉症スペクトラム "ありのまま"の生活
自分らしく楽しく生きるために
小道モコ、高岡健
●1800円

自閉症スペクトラムの子どもと「通じる関係」をつくる関わり方
言葉に頼らないコミュニケーション力を育てる
牧真吉
●1800円

まんが発達障害のある子の世界 ごもっくんはASD〈自閉症スペクトラム障害〉
大橋ケン著 林寧哲、宮尾増知監修
●1600円

ADHD・LD・アスペルガー症候群かな？と思ったら…
安原昭博
●1400円

ドナ・ウィリアムズの自閉症の豊かな世界
ドナ・ウィリアムズ著 門脇陽子、森田由美訳
●2500円

〈価格は本体価格です〉